CONVIVIALISMO
Por un mundo postneoliberal

INTERNACIONAL CONVIVIALISTA

CONVIVIALISMO

POR UN MUNDO POSTNEOLIBERAL

Segundo manifiesto

Icaria ♣ Más Madera

Título original: *Second Manifeste convivialiste,* © Actes Sud, 2020

© Internacional Convivialista

© Traducción del francés: Sara Alonso Gómez

© De esta edición
Icaria editorial
Vilassar de Dalt, Barcelona
www. icariaeditorial. com

Primera edición: abril de 2022

ISBN: 978-84-18826-26-9

Depósito legal: B 8052-222

Fotocomposición: Marina Sanchez

Impreso por Ulzama

Printed in Spain — Impreso en España. Prohibida la reproducción total o parcial

ÍNDICE

Prólogo   9

Introducción   23

I.   El desafío central   35

II.   Del convivialismo   41

III.   Del primer al segundo *Manifiesto convivialista*   45

IV.   Consideraciones políticas, morales, ecológicas
y económicas   51

V.   ¿Profundización o autodestrucción
de la democracia?   57

VI.   ¿Qué mundo postneoliberal?   73

Conclusión   87

Los firmantes   97

PRÓLOGO

De forma generalizada en todos los países ricos, aquí y allá, la juventud comienza a movilizarse para exigir a los estados y a las grandes empresas que se decidan por fin a luchar de verdad contra el calentamiento climático y contra la degradación del medio ambiente. La juventud tiene motivos, es su futuro lo que está en juego. De acuerdo con un número creciente de científicos, apenas nos quedan unos años para invertir las dinámicas que gobiernan el mundo en el presente y evitar el desastre. Las palabras y las proclamas bienintencionadas que nunca van seguidas de acciones efectivas ya no bastan. Los aplazamientos se están volviendo insoportables.

En otros países, en Asia, el Magreb o en Oriente Medio, la juventud hace pocos años se levantó igualmente contra los tiranos y las dictaduras. Hoy día todavía se rebela en Sudán, Chile, Irán o Argelia. Sin conseguir evitar, la mayoría de veces, que nuevos dictadores ocupen el lugar de sus predecesores.

En otros lugares, en los países más pobres o en los que se desangran en guerras civiles sin sentido, con frecuencia son los mismos, no existe otra solución ni otra esperanza que el exilio.

He aquí tres tipos de juventud que se ignoran casi completamente. Sus luchas, sus esperanzas son, no obstante, indisociables. Estas tres juventudes vencerán juntas o fracasarán juntas.

En 1971, John Lennon compuso Imagine, una canción que con el paso de los años, se convertiría en una de las más escuchadas en todo el mundo. Poco a poco, hemos pasado a prestar cada vez más atención no solo a su melodía, sino también a su letra (eran muy optimistas en esa época): *Imagine all the people living live in peace [...] no need for greed or hunger, a brotherhood of man. Imagine all the people sharing all the world...*[1]

Cincuenta años después, se vuelve cada vez más apremiante que nunca no solo imaginar y soñar con un mundo en paz, sino contribuir a hacerlo realidad lo más pronto posible. Pero imaginarlo, simplemente imaginarlo, parece difícil a día de hoy. Por tanto, pongamos manos a la obra.

¿Un futuro diferente?

¿A qué se podría parecer un mundo así? Un mundo que no fuera un paraíso inalcanzable, un país de quimera, sino simplemente un mundo plenamente humano, un mundo efectivamente posible. Un mundo en el cual, como declaró el presidente de los Estados Unidos Franklin Rooosvelt en 1941, reinasen la libertad de palabra y la libertad religiosa, a salvo de la privación y el miedo.[2] Fue a raíz del discurso sobre las cuatro libertades (*freedom of speech, freedom of religión, freedom from want, freedom from fear*) que se reunió en Filadelfia (Estados Unidos), el 10 de mayo de 1944, una Conferencia Interna-

---

1. Imagina a todas las personas viviendo en paz... sin sitio ni para la avaricia ni para el hambre, una hermandad de la humanidad. Imagina a todas las personas compartiendo el mundo entero...
2. Algunos, seguramente, dirán que se trataba de un discurso propagandístico. Fuese lo que fuese e independientemente de lo que pesemos, el objetivo era justo y estaba bien formulado.

cional de trabajo que establecería los objetivos generales de la OIT (Organización Internacional del Trabajo) que a su vez fueron el preludio de la Declaración Universal de los Derechos del Hombre (1948). El artículo segundo de la declaración de Filadelfia estipula que: «Todos los seres humanos, cualquiera que sea su raza, sus creencias o su sexo, tienen derecho a perseguir su progreso material y su desarrollo espiritual en el marco de la libertad, la dignidad, la seguridad económica y la igualdad de oportunidades».

Pero la Declaración Universal de los Derechos del Hombre, llamada ahora Declaración Universal de los Derechos Humanos, apenas tiene relevancia para las generaciones más jóvenes. Si es que la conocen, no ven en ella más allá de una retórica hueca, rápidamente desmentida por los hechos. Traduzcámosla pues en términos algo más concretos y actuales. ¿Es realmente posible imaginar un mundo en el cual los que ostentan el poder no se conviertan, con demasiada frecuencia, en un grupo de psicópatas ayudados por organizaciones criminales con la complicidad del ejército y la policía? ¿Donde, una vez conquistado el poder, no hubiese que mantenerlo gracias a un control más o menos riguroso y visible sobre los medios de comunicación, a los arrestos arbitrarios, a la corrupción de los jueces y el conjunto del sistema político, a la tortura y el asesinato? ¿Un mundo en el cual, aunque, sin duda, no todos nos librásemos de la pobreza, nadie cayese en la miseria, y donde todos y todas pudiesen vivir de su trabajo? ¿Donde la inmensa riqueza, que alimenta los fantasmas de una humanidad creciente, de una super-humanidad para algunos y, en consecuencia, una sub-humanidad para el resto, no se tolerase en la misma medida que la miseria? ¿Donde no hubiese mujeres u hombres sobrantes? ¿Un mundo en el cual pudiéramos seguir enfrentándonos sobre cuál es el sentido de la vida, pero sin masacrarnos, y donde hubiéramos olvidado las guerras civiles y de religión, todas las guerras? ¿Un mundo en el que los recursos y el medio ambiente no fuesen sistemáticamente sacrificados o esquilmados en provecho de las grandes o no tan grandes empresas? ¿Un mundo que supiera luchar de manera eficaz contra el calentamiento del planeta y la degradación ecológica en creciente aceleración? ¿Un mundo en el cual supiéramos vivir de nuevo en armonía con la naturaleza? Lo curioso es que estos ideales parecen incuestionables. Rebosan del sentido común más elemental. Expresan bien lo que todos deseamos, o creemos desear. Sin embargo, su realización, aunque fuese parcial, parece totalmente fuera de nuestro alcance, casi inconcebible. Sí, pero en el fondo, ¿por qué? ¿Existe un destino, una fatalidad de la cual la humanidad no sabe escapar?

La deriva reciente del mundo

Retrocedamos un poco en el tiempo. En los tres decenios que siguieron a la Segunda Guerra Mundial, los principios enunciados por la Declaración de Filadelfia, seguida posteriormente por la Declaración Universal de los Derechos Humanos, no sonaban en absoluto como palabras huecas. Fueron estos principios los que inspiraron oficialmente las políticas públicas, y esta inspiración tuvo efectos muy concretos. Se trataba de impedir que las democracias occidentales se deslizasen de nuevo hacia los horrores totalitarios —nazismo y fascismo— que habían desencadenado la Segunda Guerra Mundial y había causado varias decenas de millones de víctimas. También era necesario conjurar la seducción que aún ejercía otra variante del totalitarismo que dominaba en Rusia, Europa del Este, y China y que amenazaba con extenderse a otros países del llamado en la época «Tercer Mundo».

Con la caída del muro de Berlín, en 1989, y el desmoronamiento del comunismo en Rusia y Europa del Este, el capitalismo, que se creía que iba parejo con la democracia —un capitalismo para lo esencial de la industria y regulado— ya no tuvo un enemigo palpable y localizable. Hasta principios del siglo XXI, politólogos y filósofos se dedicaron a hablar sobre «transición democrática». Todos compartían en diverso grado la convicción de que, en poco tiempo, las dictaduras restantes iban a desmoronarse y que todos los países del mundo iban a adoptar la fórmula institucional que tan bien había funcionado en Occidente: una mezcla de democracia parlamentaria y libre mercado.

Pero, una vez desaparecidos los enemigos (y los tiempos del petróleo barato), las economías capitalistas tuvieron menos necesidad de tomarse en serio los derechos humanos y los principios democráticos. El capitalismo más o menos regulado de la postguerra se ha convertido en un capitalismo del lucro y la especulación, que consigue menos rentabilidad de la práctica industrial que de la especulación financiera. Genera un enriquecimiento literalmente insensato de los más ricos, del 1%, y todavía más de un 0,1% o de los que conforman el 0,1 por 1.000. Ya nadie ignora que una cuarentena de ultra-ricos poseen ellos solos tanto como la mitad más pobre de la humanidad, es decir de cerca de 4.000 millones de personas. Es decir, ¡40 personas poseen tanto como 4.000 millones! Pero estamos tan aturdidos por estas cifras, que desafían la comprensión, que nadie sabe qué hacer para oponerse. Este capitalismo especulativo redistribuye cada vez menos la riqueza creada. Si bien contribuye al beneficio de las clases acomodadas o medias de los países emergentes, no impide el progresivo empobrecimiento de los desfavorecidos y las clases medias en los países ricos.

Muy lejos de favorecer que la democracia o el espíritu de los derechos humanos ganen terreno, se sitúan las dictaduras o las democracias llamadas «iliberales», o las «democraturas» que prosperan por doquier. El Occidente rico estaba convencido y nos había hecho creer que iba a llevar paz y prosperidad al resto del mundo. Más bien ha sembrado tempestades. Tras no haber podido o sabido cumplir su promesa, ve como se vuelve contra él todo el odio suscitado por la dominación colonial, o imperial, que ha ejercido sobre el planeta durante siglos. El radicalismo islámico de Al-Qaeda o del Dáesh (Estado Islámico) solo es la parte más visible y la expresión más terrorífica de este odio.

El triunfo del neoliberalismo

¿Qué es lo que ha salido mal? ¿Cuál es la explicación para el fracaso de la esperanza que había hecho brotar el final de la Segunda Guerra Mundial? Muchas cosas, infinidad de cosas interconectadas. Pero todas ellas polarizadas por la principal realidad de nuestro tiempo: la subordinación de todo el planeta y de todas las esferas de la existencia humana a las exigencias de un capitalismo que solo prioriza la rentabilidad y la especulación. El triunfo de este nuevo tipo de capitalismo es la consecuencia de diversas causas. Pero una de ellas es tan esencial como poco percibida o mal comprendida: el poder de las ideas (cuando son defendidas por personas y medios concretos que se amparan en los medios de comunicación). Y, *por supuesto, la potencia de las ideas neoliberales.* Esta última es la razón de ser de este *Manifiesto convivialista.* De hecho, es el poder de la ideología neoliberal el que ha abierto las puertas a este formato nuevo de capitalismo, un capitalismo en estado puro, liberado de todas las restricciones morales o políticas que lo constreñían todavía en los ochenta y los noventa. Es por tanto a esta ideología a la que debemos estar en condiciones de confrontar.

Todas las nociones, todos los *ismos,* están sujetos a múltiples discusiones y posibles definiciones. Esto se aplica al capitalismo (y al anticapitalismo), y también al neoliberalismo que ha conocido diferentes fases históricas y diversas formulaciones. Pero el neoliberalismo actual se puede definir con bastante precisión cuando se conjugan las seis proposiciones o los seis axiomas siguientes:

- No existen sociedades («*There is no such thing as society*», decía Margaret Thatcher) colectivos o culturas, solo existen individuos.
- La avaricia, la avidez de lucro es algo bueno. *Greed is good.*
- Cuanto más se enriquezcan los ricos, mejor para todos, porque todos sacaremos provecho de lo que desborde de esta abundancia (efecto goteo) (*trickle-down effect*).
- El único modo de coordinación apropiado a los sujetos humanos es el mercado libre y sin trabas, y este (incluido el financiero) se autorregula por sí mismo en pro del mayor beneficio para todos.
- No hay límites. Siempre más es necesariamente siempre mejor.
- No existe alternativa («*There is no alternative*», como proclamaba Margaret Thatcher).

Para aquellos, numerosos, que duden de la potencia de las ideas y de los valores, de la fuerza con las que influyen en nuestros comportamientos, recordemos que ninguna de estas proposiciones era predominante, ni mucho menos tenida por cierta o justa, entre 1944 y los años 1970-1989. En economía, la doctrina dominante, inspirada principalmente en John Maynard Keynes, otorgaba un rol importante al estado y a su acción redistributiva. Fue para acabar con el keynesianismo, y, a través de él, con todas las políticas de orientación más o menos social-demócrata, que se reunieron en Suiza en 1947, una treintena de personalidades para fundar la Sociedad de Mont Pelerin. Entre esas personalidades se contaban los economistas Friedrich von Hayek y Milton Friedman, el filósofo de la ciencia Karl Popper, y muchos otros nombres conocidos, algunos de ellos galardonados con el premio Nobel de economía. La sociedad Mont Pelerin, que inmediatamente recibió el apoyo de grandes empresas y acaudaladas organizaciones y sigue activa en la actualidad, lograría minar poco a poco el consenso keynesiano para imponer una nueva visión del mundo y de la humanidad, una nueva manera de entender de los asuntos humanos. Esta nueva conceptualización, esta nueva razón del mundo que en la actualidad ejerce su influencia a escala mundial es lo que el filósofo Antonio Gramsci llamaba «la hegemonía», el control sobre las ideas y los cerebros. Una hegemonía a la que debemos contestar con urgencia explicitando los fundamentos de una nueva manera de entender nuestro tiempo y nuestra condición. No podemos contentarnos con un retorno al keynesianismo o a los *ismos* del pasado.

¿Por qué convivialismo?

Los jóvenes de los países ricos son cada día más conscientes de los retos climáticos y medioambientales, pero todavía tienen dificultades para percibir que su suerte va ligada a aquellos otros jóvenes que, en otros lugares, buscan librarse de las dictaduras, o que se ven obligados a emigrar.

Los partidos verdes ganan cada vez más audiencia en Occidente, pero la preocupación por preservar la naturaleza no constituye en sí misma una opción política. Y no es, ni mucho menos, suficiente para plantar cara, por sí sola, al neoliberalismo. Por tanto, si queremos tener la oportunidad de enfrentar la amenaza que el dominio mundial del capitalismo del lucro y la especulación supone para el futuro de la humanidad, es absolutamente necesaria una filosofía política alternativa al neoliberalismo. De una filosofía que no se limite a denunciar la falsedad de sus seis proposiciones centrales, sino que consiga delimitar con precisión los contornos de otro mundo posible, más humano y viable en el que todas, o la gran mayoría de personas, puedan reconocerse y vivir mejor compartiendo la preocupación de salvar todo aquello que todavía puede y debe ser salvado, ya sea nuestro entorno como de los cuatro tipos de libertad enunciados por Roosevelt. Para lograrlo, tenemos primero que superar el sentimiento de impotencia que nos embarga a todos.

Son precisamente los contornos de este otro mundo posible, de un mundo postneoliberal, lo que se esboza en este segundo *Manifiesto convivialista*. En 2013 apareció el primer *Manifiesto convivialista*, subtitulado *Declaración de interdependencia*.[3] Su punto de partida era, ya entonces, la certeza de que lo que les falta a los miles o decenas de miles de asociaciones o redes, decenas o cientos de millones de personas en todo el mundo empeñados en escapar del control del capitalismo neoliberal, lo que les impide coordinarse y, por tanto, los condena a la impotencia es un consenso explícito y claramente compartido en algunos valores o principios centrales. Lo que falta es una filosofía política (*largo sensu*) alternativa al neoliberalismo. Ese acuerdo sobre algunos principios centrales, sobre las líneas directrices de una filosofía política postneoliberal no solo es deseable sino que de hecho es posible, como se demostró con la redacción de un primer manifiesto, desarrollado y firmado conjuntamente por sesenta y cuatro intelectuales críticos[4] de prestigio, en su

---

3. Le Bord de l'eau, 2013. Este segundo manifiesto puede considerarse como una declaración de interdependencia reforzada.

4. Claude Alphandéry, Geneviève Ancel, Ana Maria Araujo (Uruguay), Claudine Attias-Donfut, Geneviève Azam, Akram Belkaïd (Argelia), Fabienne Brugère, Alain Caillé, Barbara Cassin, Philippe Chanial, Hervé Chaygneaud-Dupuy, Ève Chiapello, Denis Clerc, Ana M. Correa (Argentina), Thomas Coutrot, Jean-Pierre Dupuy, Francesco Fistetti (Italia), Anne-Marie Fixot, François Flahault, Jean-Baptiste de Foucauld, Christophe Fourel, François Fourquet, Philippe Frémeaux, Jean Gadrey, Vincent

mayoría francófonos, procedentes de diferentes tendencias de la izquierda, y que se granjeó, asi mismo, la simpatía de personas o intelectuales más o menos situados en el centro o incluso la derecha.

La idea central de ese primer manifiesto era que el triunfo del capitalismo del lucro y la especulación debía entenderse como el culmen de la aspiración de la especie humana a la desmesura. Para enfrentarlo y superarlo, no sería suficiente con denunciar a los villanos capitalistas, siguiendo una especie de ritual estéril, haría falta también interrogarse sobre los resortes que alimentan la desmesura y los medios para evitarla sin sacrificar nuestras aspiraciones a la libertad.

¿Por qué un segundo manifiesto? Porque el primero no era lo suficientemente internacional, aunque haya sido traducido a una decena de lenguas y haya sido objeto de discusiones en alemán, portugués (Brasil), español, italiano y japonés. Sin embargo, *el convivialismo como filosofía del arte de vivir juntos*, de la *convivencia*, solo tiene sentido si nos podemos reconocer en ella en cualquier país.

Por lo tanto, era necesario ampliar considerablemente el círculo de autores participantes y sus fuentes de inspiración. Además, el conjunto de propuestas del primer manifiesto

---

de Gaulejac, François Gauthier (Suiza), Sylvie Gendreau (Canadá), Susan George (Estados Unidos), Christiane Girard (Brasil), François Gollain (Reino Unido), Roland Gori, Jean-Claude Guillebaud, Dick Howard (Estados Unidos), Marc Humbert, Eva Illouz (Israel), Ahmet Insel (Turquía), Geneviève Jacques, Florence Jany-Catrice, Zhe Ji (China), Hervé Kempf, Elena Lasida, Serge Latouche, Camille Laurens, Jean-Louis Laville, Jacques Lecomte, Didier Livio, Paulo Henrique Martins (Brasil), Gus Massiah, Dominique Méda, Marguerite Mendell (Canadá), Pierre-Olivier Monteil, Jacqueline Morand, Edgar Morin, Chantal Mouffe (Royaume-Uni), Yann Moulier-Boutang, Osamu Nishitani (Japón), Alfredo Pena-Vega, Bernard Perret, Elena Pulcini (Italia), Ilana Silber (Israel), Roger Sue, Elvia Taracena (Mexico), Frédéric Vandenberghe (Brasil), Patrick Viveret (se especifica únicamente la nacionalidad de los firmantes no franceses).

indicaba instrucciones que, todo y ser pertinentes, podrían resultar demasiado vagas, demasiado indeterminadas en el plano teórico e insuficientemente concretas al intentar aplicarlas en otros lugares. Este segundo manifiesto retoma la estructura del primero y una parte de su contenido, pero enriqueciendo y aportando una mayor precisión, gracias a las discusiones suscitadas en los últimos seis años entre autores y activistas simpatizantes del convivialismo de todos los países. Frente a la aceleración del cambio climático y la creciente erosión de los ideales humanistas y los principios democráticos urge llegar a un acuerdo a escala mundial sobre los valores esenciales para la supervivencia material y moral de la humanidad, y sobre las vías posibles para que la civilización y el arte de vivir continúen su progreso. En cualquier convivialismo.

Un último apunte. Este manifiesto es el resultado de una discusión colectiva llevada a término en primer lugar por intelectuales. Intelectuales de un tipo muy concreto. Intelectuales o universitarios preocupados por el bien común y comprometidos en múltiples acciones colectivas. ¿Por qué es necesario explicar y aclarar este punto? Porque la intelectualidad y el ámbito universitario tienen con frecuencia mala prensa. Y cada día empeora, a menudo con sobrados motivos. Se les acusa de perderse en especulaciones estériles que nunca llevan a nada concreto, se les reprocha el racionalizar y creerse superiores al resto del mundo. Ese no es el caso de las personas que se han reunido aquí para redactar este manifiesto. No se creen más inteligentes que cualquier otra (tampoco menos, claro…). Simplemente, por su profesión, tienen memoria, y en este sentido, están bien situados para hacer sonar la alarma cuando la necesidad se hace acuciante y para imaginar un futuro que no corra el riesgo de caer en caminos trillados del pasado. Y, además, están acostumbrados a escribir y trabajar sobre ideas, ese tipo de ideas que juegan un papel determinante en la historia cuando el grupo mayoritario las adopta.

Añadamos que, puesto que todos ellos juegan un papel activo en los movimientos cívicos y ciudadanos que desarrollan día a día novedosas iniciativas llenas de sentido y bienestar, no se contentan con plantear denuncias estereotipadas de los mercados o del capitalismo que no conducen a nada mientras no nos digan qué otro tipo de sociedad, razonablemente posible, podemos aspirar a construir. Qué tipo de sociedad *debemos* empezar a construir a la mayor brevedad posible.

De hecho, nada es más urgente que elaborar un pensamiento y una manera de entender el mundo alternativas a las que el neoliberalismo ha sabido imponer a todo el planeta. Lo que necesitamos en una filosofía política (en el sentido amplio del término) y no bastará con volver sencillamente al socialismo, al comunismo, al anarquismo o al liberalismo clásicos. Estas grandes ideologías de la modernidad no están a la altura de los problemas que tenemos que afrontar. No nos dijeron nada, por ejemplo, sobre cómo debe ser la relación adecuada entre los seres humanos y una naturaleza que no es en absoluto inagotable; tampoco aportaron nada decisivo sobre las relaciones entre hombres y mujeres; y menos aún sobre la mejor manera de abordar la diversidad cultural.

Ha llegado el momento de delinear un avance colectivo decisivo en el campo de las ideas. Un avance que debe ir más allá de la simple adición de los análisis desarrollados por determinados filósofos, economistas o sociólogos de manera individual, por muy acertados o justos que puedan ser. Porque, por muy válidos que sean estos análisis, si es que lo son, aún será necesario que sean ampliamente aceptados y compartidos, y si es posible a escala mundial. Esta es la apuesta de este segundo *Manifiesto convivialista*: presentarse como el resultado de un trabajo de pensamiento colectivo. En este trabajo, que reúne personalidades intelectuales o morales pero también activistas, escritores y artistas de renombre internacional, ninguno de los participantes trató de atraer la atención para sí insistiendo en su pequeña diferencia (como suele ser frecuente en el campo de las ideas). Todos, por el contrario, han acordado priorizar aquellas ideas que comparten. Estamos en condiciones de afirmar que este segundo *Manifiesto convivialista* es el manifiesto de una Internacional informal en gestación.

Una Internacional que solo pide expandirse para convertirse en un asunto de todos. Esta es la pretensión de este *Manifiesto convivialista*: enunciar lo más claramente posible unas ideas simples y justas, capaces de dar respuesta a los desafíos de nuestro tiempo, y que, paso a paso, puedan conducir a una mutación radical y a la movilización de la opinión pública mundial. Y, a nuestros lectores incorporarlas y hacerlas suyas si, como esperamos, se sienten interpelados por ellas.[5]

---

5. Para comenzar, pueden consultar las páginas web del convivialismo (www.convivialisme.org y www.lesconvivialistes.org) y hacer constar allí su apoyo, objeciones o propuestas.

INTRODUCCIÓN

¡Qué extraña y desconcertante es nuestra situación! Desde la Ilustración, el mundo ha estado bajo el signo del progreso. Sin embargo, algunos de estos avances han producido auténticas catástrofes. Nunca tuvimos tantos motivos para creer en el Progreso, pero al mismo tiempo, nunca la humanidad ha tenido tantas buenas razones para temer las posibles calamidades que podrían poner en peligro incluso su propia supervivencia. Entre las promesas del presente y las amenazas que se ciernen sobre nuestro futuro, ya no sabemos a qué atenernos. Sin embargo, cada día las amenazas se vuelven más acuciantes.

Las promesas del presente

En las últimas décadas se han hecho progresos sociales o ambientales significativos, y nada excluye *a priori* y, en principio, que estos progresos se extiendan y acentúen en las próximas décadas.

Algunos datos recientes a escala mundial:

- Desde 1990, según la ONU, más de dos tercios de la población mundial escapó de la pobreza extrema y más mil millones de personas salieron de ella. El nuevo objetivo publicado por la ONU es su erradicación en el horizonte del 2030.
- De 3.000 millones de personas hambrientas o con desnutrición, casi 2.000 millones de personas la han superado durante los últimos veinticinco años (a costa, hay que decir, del uso masivo de pesticidas).

- En veinte años, el número de niños no escolarizados se ha reducido a la mitad.
- En veinticinco años, tanto la mortalidad materna y como la infantil se han reducido a la mitad (entre 1990 y 2015).
- En poco más de un siglo, el promedio de la esperanza de vida pasó de treinta años a setenta y un años.
- Desde 1945, la tasa de muertes violentas (debido a guerras o crímenes) está en fuerte declive, sobre todo en Europa.
- Los fabricantes han dejado prácticamente de producir sustancias que dañan la capa de ozono. Esta debería regenerarse en la mayor parte del mundo antes de 2050. Con ello se pueden evitar 25 millones de casos de cáncer.
- La calidad de las aguas del Rin y el Sena, dos de los ríos más contaminados del mundo hace unos treinta años, ha mejorado significativamente en la actualidad, lo que demuestra que no hay inevitabilidad y no siempre hay irreversibilidad en materia ecológica. Más en general, y mirando claramente al futuro, ¡cuántas promesas de realización individual y colectiva oculta nuestro mundo!
- La extensión mundial de los principios democráticos hubiera sido infinitamente más larga y más compleja de lo que algunos pensaron después de la caída del muro de Berlín en 1989, si no fuera porque este principio ha sido mal utilizado debido a sus conexiones con el capitalismo del lucro y la especulación que lo vació en gran medida de su contenido y su atractivo. Todavía la mayoría de insurgencias en el mundo se hacen en nombre de la democracia, como se evidencia, por ejemplo, en las revoluciones de los países árabes, por fracasadas o ambiguas que hayan resultado. Sofocadas hasta ahora, renacen constantemente de sus cenizas una tras otra.
- Por lo tanto, empezamos a vislumbrar como algo posible acabar con todos los poderes dictatoriales o corruptos (hoy en Bagdad, Beirut, Argel, Hong Kong,

Santiago, etc.), en particular gracias a la multiplicación de experiencias democráticas de base y al vertiginoso crecimiento de la circulación de información, incluso si, momentáneamente, asistimos a un retorno de las dictaduras, lo que hace que la promoción del convivialismo sea aún más urgente.

— El fin de la era colonial y el declive del eurocentrismo allanan el camino a un diálogo real de civilizaciones que, a su vez, hace posible el advenimiento de un nuevo universalismo. Un universalismo con pluralidad de voces, un *pluriversalismo*.

— Este universalismo plural se construye a partir del reconocimiento de la igualdad de derechos y la paridad por fin acordada entre hombres y mujeres. El reconocimiento de esta paridad ha hecho enormes progresos estos últimos años, incluso en países de tradición islámica que podrían ser más reacios. En Occidente, el fenómeno #MeToo representa un empuje decisivo en este asunto, tras el cual nada volverá a ser lo mismo.

— La nueva conciencia global emergente es a la vez expresión y resultado de nuevas modalidades de participación y experiencia ciudadanas respaldadas por una conciencia ecológica ya extendida a nivel global, y a la que son particularmente sensibles las generaciones más jóvenes. Estas son responsables de introducir en el debate público la cuestión misma del concepto de «bienestar», de lo que se puede esperar del «desarrollo» o el «crecimiento», y de sus límites.

— Las tecnologías de la información y la comunicación, cuando no se usan con propósitos de manipulación y control, multiplican las posibilidades de creación y realización personal, ya sea en el campo del arte, el conocimiento, la educación, la salud, la participación ciudadana, el deporte, o las relaciones humanas en todo el mundo.

– El ejemplo de Wikipedia o Linux y de las relaciones *peer-to-peer* muestran el alcance de lo que se puede lograr en términos de invención y de mutualización de prácticas y saberes.

– La generalización de los modos de producción e intercambio descentralizados y autónomos hace posible la «transición ecológica», especialmente en el contexto de la economía social y solidaria, donde el compromiso de las mujeres juega un papel decisivo.

– La erradicación definitiva del hambre y la miseria constituye un objetivo accesible, a condición de una distribución más justa de los recursos materiales existentes y en el marco del establecimiento de nuevas alianzas entre los actores del Norte y del Sur.

– Cada vez más enfermedades que en su día fueron mortales son curables o tratables hoy (el sida con la triple terapia vírica, ciertos tipos de cáncer, etc.), a pesar de que induzcan una brusca disminución de la eficacia de los antibióticos y una alarmante pérdida de la diversidad bacteriana.

Etcétera.

Las amenazas del presente

Todas estas posibilidades solo pueden hacerse realidad si la humanidad logra afrontar las terribles amenazas que se levantan frente a ella y ponen en peligro su supervivencia en a medio o largo plazo.

Las más evidentes, para empezar, son las ecológicas...

Dada su estrecha imbricación, está justificado hablar de una amenaza única y sistémica: la del impacto de la actividad humana sobre nuestro nicho ecológico.

La humanidad vive por encima de sus medios. En 2019, según el Fondo Mundial para la Naturaleza (WWF), para el 29 de julio se habían consumido tantos recursos naturales como los que la Tierra puede renovar en un año (desde el 10 de mayo en el continente europeo). En 1999, el Día de la Deuda Ecológica (día en el que el consumo realizado supera el nivel de recursos del planeta)»[1] fue el 29 de septiembre. La lista de las principales amenazas ecológicas son bien conocidas:

- El cambio climático, los desastres en todos los órdenes (naturales, humanitarios, sociales, etc.) y las migraciones masivas que provocará.

- La disminución de la biodiversidad (un millón de especies animales o plantas están en peligro de extinción según un informe reciente de la ONU).

- El debilitamiento a veces irreversible de los ecosistemas, la artificialización natural y galopante de los suelos, la degradación y erosión a largo plazo de suelo cultivable.

- La deforestación, y en particular la de la Amazonía (acelerada enormemente desde la llegada de Jair Bolsonaro a la presidencia de Brasil en enero de 2019), que amenaza una de los principales fuentes de oxígeno del planeta.

- La contaminación de la atmósfera que convierte el aire de grandes ciudades en cada vez más irrespirables, especialmente en Beijing, Nueva Delhi o Ciudad de México.

- La disminución de los recursos pesqueros y marinos, debidos a la sobrepesca y la contaminación del agua.

- La contaminación cada vez más extendida de los océanos y aguas continentales.

---

1. El «Día de la Deuda Ecológica» se calcula sobre la base de 3 millones de datos estadísticos recogidos por las ONG WWF y *GlobalFootprint Network* de 200 países (www.wwf.fr/jour-du-depassement).

– La acumulación de residuos en el medio ambiente, comenzando con los desechos plásticos que han llegado a constituir un «sexto continente» en los océanos.

– El riesgo persistente de un desastre nuclear, ya sea en forma de accidentes industriales como en Chernóbil, de accidentes que combinan causas naturales e industriales como en Fukushima, a causa de una guerra nuclear desencadenada por algoritmos incontrolables o por algún dictador loco.

– La escasez de recursos energéticos (petróleo, gas), minerales (en particular tierras raras) y agrícolas que han permitido un crecimiento insostenible, y los conflictos y guerras que podría venir a continuación por el acceso a estos recursos.

El cambio climático resume y condensa por sí solo el desafío ecológico, debido tanto a la gravedad potencial de sus consecuencias sociales y humanitarias como a la rapidez con que se manifestarán. Las consecuencias del calentamiento, que actualmente se sitúa en el orden de 1 °C en comparación con las temperaturas promedio de la superficie del mundo durante la era preindustrial, son ya visibles. Sin embargo, sin desarrollar los objetivos del acuerdo de París (2015) y sin la aplicación inmediata de las medidas necesarias, el calentamiento debe alcanzar al menos 1,5 °C entre 2030 y 2052 y 3 °C en el 2100. Dada la inacción actual de los gobiernos, esta última cifra, ya de por sí alarmante, está ya contemplándose como demasiado optimista por los climatólogos.[2]

---

2. En el momento de la redacción final de este libro, la décima edición del *Emision Gap Report* (Informe sobre la brecha de las emisiones) del programa de las Naciones Unidas para el Medio Ambiente (PNUMA), publicado el martes 29 de noviembre de 2019 con motivo de la 25ª Conferencia Mundial del Clima (COP 25), cree que si los estados no reducen sus emisiones de gases de

Entre los efectos físicos del calentamiento global se encuentran la elevación del nivel del mar, los desastres naturales (invasiones de agua salada e inundaciones de áreas costeras, la sequía, el déficit o la intensificación de las precipitaciones, etc.), la degradación, o incluso la desaparición, de la biodiversidad y de ciertos ecosistemas, pérdidas de rendimiento de explotaciones agrícolas, problemas de salud, etc. Los efectos sociales se pueden calibrar mediante el aumento esperado de las migraciones relacionadas con el clima. Según las previsiones del Banco Mundial, bastante optimista en comparación con otras investigaciones, el número de refugiados climáticos alcanzaría los 143 millones en 2050. Un escenario más alarmista, calculado por el colectivo de investigadores independientes Climate Central y publicado el 29 de octubre de 2019 en *Nature Comunicaciones*, estima que 300 millones de personas sufrirán inundaciones todos los años para 2050.[3] Según la organización internacional para la migración (que depende de la ONU), los cambios podría desplazar a casi mil millones personas para 2050. No es exagerado decir que, a finales de este siglo, el cambio climático es susceptible de poner en peligro la supervivencia de las formas de vida civilizada (incluso de la humanidad misma).

No resolveremos estos problemas desvinculando el crecimiento del PIB y el consumo de recursos no renovables. Sería demasiado lento y no nos permitiría evitar daños mayores. Confiar en la innovación técnica para desacoplar el crecimien-

---

efecto invernadero un 7,6% por año entre 2020 y 2030, la temperatura del globo podría aumentar en 3.9 °C para el año 2100, «lo que causará impactos climáticos vastos y destructivos». Lo menos que podemos decir es que no vamos bien encaminados. Las emisiones han aumentado un 1,5% de promedio en los últimos diez años, y un 3,2% entre 2017 y 2018.
3. Scott A. Kulp, Benjamin H. Strauss, New Elevation Data Triple Estimates of Global Vulnerability to Sea-level Rise and Coastal Flooding», *Nature Communications*» (Nuevo incremento de los datos con triple estimación de la vulnerabilidad global por la elevación del nivel del mar y las inundaciones costeras)». Ver *Le Monde* del 31 de octubre de 2019, pág. 7.

to económico de las emisiones de gases de efecto invernadero es ilusorio. Los esfuerzos realizados durante tres décadas para «descarbonizar» el crecimiento no han tenido ni podrán tener más que una efectividad limitada.

No será posible enfrentar este inmenso desafío sin implementar un conjunto de cambios técnicos, organizacionales y sociales, que presuponen una profunda transformación de la lógica del sistema económico a escala planetaria. La cuestión climática concierne a todos los habitantes del planeta por igual, y su solución requiere, por lo tanto, el esfuerzo de todos.

...Pero también económicas, sociales, políticas, morales

La sostenibilidad social de nuestro modelo de desarrollo no está más asegurada que su sostenibilidad ecológica. No es necesario recordar la larga lista de problemas cuyo agravamiento ha provocado ya un retroceso general, no solo de las prácticas sino también de los ideales democráticos a escala mundial:

- El mantenimiento, la aparición, el incremento o el retorno del desempleo y la precariedad, de la exclusión o de la miseria, en todo el mundo.

- Desempleo que será más acuciante a consecuencia del progreso exponencial de la inteligencia artificial y de la probabilidad de que la robótica reemplace gran parte del trabajo humano, y no solo para las tareas más simples y repetitivas. Una parte notable de la humanidad corre el riesgo de ser calificada como económicamente inútil. Nunca se ha vivido una situación semejante y, de ocurrir, representaría un desafío colosal.

- Una «gran clasificación», o más bien una gran división, entre humanos «supercapacitados» por su dominio y uso de la inteligencia artificial y aquellos otros que, no habiendo podido o querido adquirirla, de repente se considerarán «infracapacitados».

— La brecha en el reparto de la riqueza que se ha vuelto desproporcionada en todos los países, entre los más pobres y los más ricos. Esta brecha alimenta una lucha de todos contra todos siguiendo una lógica de avaricia generalizada y contribuye a la formación de oligarquías que son dispensadas, excepto de palabra (y esto cada vez menos), del respeto por los estándares democráticos.

— La existencia de docenas de multinacionales, empezando por los *Gafam* (Google, Amazon, Facebook, Apple y Microsoft), un grupo de empresas más rico y más poderoso que muchos estados, que prosperan al margen de la regulación democrática al liberarse de la mayoría sus obligaciones fiscales, lo que debilita a su vez a los poderes públicos.

— El control de los datos para grandes segmentos de la población mundial por parte de un pequeño número de empresas gigantescas como Facebook y Google o por determinados regímenes autoritarios (como pasa con el registro sistemático de las actividades de los ciudadanos por las autoridades chinas).

— El desmembramiento de los grupos políticos heredados, o la incapacidad de constituir otros nuevos, lo que lleva a multiplicación de guerras civiles, tribales o interétnicas, paralelamente a las guerras de religión.

— La amenaza del posible regreso de grandes guerras ente estados, que sin duda serán infinitamente más mortales que las anteriores.

— El poder creciente de ejércitos privados fuera del control de los parlamentos. Algunos han alcanzado ya capacidad suficiente de movilizar maquinaria pesada y desestabilizar un ejército regular.

— El desarrollo a nivel mundial del terrorismo ciego.

– La creciente inseguridad, social, ecológica y cívica, que son contestadas con medidas desmesuradas justificadas en pro de una pretendida seguridad.

– La proliferación de redes criminales ocultas y de mafias cada vez más violentas.

– Los vínculos difusos e inquietantes de estas redes con los paraísos fiscales y la especulación y lucro de las altas finanzas.

– El peso creciente de las exigencias de dicha élite financiera sobre todas las decisiones políticas y económicas.

– El maltrato de cuerpo y mente que obedece a un estándar de crecimiento constante.

– El riesgo de estallido de las burbujas especulativas de las que se alimenta el capitalismo dominante que siempre enriquece a los más ricos. Esta explosión llevaría a una crisis económica mucho más grave que la de 2008 y a la que no se podrán aplicar los mismos remedios —emisión de moneda, el *quantitative easing* [expansión cuantitativa?, ya que son estos mismos remedios los que, al multiplicar el crédito sin ninguna vinculación con la economía real, acabarían por generar una crisis financiera aún más fuerte que la anterior. Una crisis financiera que correrá el riesgo de convertirse en poco tiempo en una crisis social, política y moral sin precedentes en la etapa posterior a los regímenes fascistas de 1930.

Estos dos tipos de amenazas, ecológicas por una parte, y al mismo tiempo, económicas, sociales, políticas y morales, por la otra, están estrechamente entrelazadas y se refuerzan mutuamente. Todas ellas, de una forma u otra, tienen relación con la explosión mundial de la desigualdad. Recordemos el dato: cuarenta personas tienen tanta riqueza como 4.000 millones de personas. En otras palabras, con este criterio, una única persona valdría tanto como 100 millones de semejantes. Gradualmente resurgen por doquier desigualdades equivalentes a las que prevalecieron en la década de 1900 pero a un nivel absoluto infinitamente más alto. En los Estados Unidos, por ejemplo, en la década de 1920, el 1% más rico poseía el 40% del patrimonio nacional. Esta cifra, que cayó al 20% en el 1970, ahora se ha remontado hasta el 40%. Y el 1‰ poseen ellos solos el 20%[4]. El valor de las primeras 400 fortunas ascendió a casi 3 billones de dólares en septiembre de 2019, después de multiplicarse por 2,3 en diez años.[5] En Francia, según la revista económica *Challenge*,[6] la cantidad acumulada por las 500 mayores fortunas francesas se triplicó de 2008 a 2018. Estimada en 650.000 millones de euros en 2018, representa el 30% del PIB de Francia (en comparación con el 10% en 2009 y el 6,4% en 1996).

Esta explosión de desigualdad, que socava la raíz de la idea de la democracia y la confianza en las instituciones, es también, por diversos motivos, el primer factor de desregulación ecológica y climática. No solo porque los más ricos son los mayores contaminadores. Se necesitarían cinco planetas para generalizar el estilo de vida y consumo de los Estados Unidos, cerca de tres para el de los europeos y más de dos para el de los chinos (casi nueve para el de qataríes...).

Frente a estos peligros, la «transición ecológica» o el «crecimiento verde» corren el riesgo de quedarse cortos para lo que está en juego. *A fortiori* si ningún país los pone realmente en práctica. Por primera vez en su historia, la humanidad se contempla a sí misma objetiva y radicalmente unificada ante peligros mortales e interdependientes que no pueden enfrentarse más que a escala mundial. Lo que supone una toma de conciencia igualmente mundial y una revulsión de todos los valores dominantes hoy.

---

4. Gabriel Zucman, en *Le Monde*, 15 octubre 2019, p. 28.
5. *Le Monde*, 9 noviembre 2019, p. 16.
6. Clasificación 2019 de la revista, que publica cada año las cifras relativas a las mayores fortunas profesionales francesas.

En definitiva, lo que necesitamos encontrar, explicar y compartir es una nueva manera de definir lo qué significa ser genuinamente humano y digno de la humanidad.

I. EL DESAFÍO CENTRAL

Las primeras amenazas del presente son principalmente de naturaleza material, técnica, ecológica y económica. Podrían describirse como amenazas *entrópicas*. A pesar de los enormes problemas que plantean, podríamos, en principio, hallar respuestas del mismo orden, técnico, ecológico y económico. Lo que nos impide hacerlo es, ante todo, el hecho de que muchas de estas amenazas aún no son evidentes para todos y es difícil movilizarse contra riesgos parcialmente indefinidos y de evolución temporal incierta. Tal movilización es solo concebible en términos de una ética del futuro. Pero además, a un nivel aún más profundo, lo que nos paraliza es el hecho de que nos sentimos mucho más indefensos cuando se trata de imaginar cómo afrontar un segundo tipo de amenazas, las amenazas de orden moral y político. Esas amenazas que podríamos describir como *antrópicas*, y que resultan directamente de la forma en que los humanos piensan y sienten cuando tratan los unos con los otros. La juventud de muchos países comienza a levantarse, con gran energía, para exigir políticas fuertes contra el calentamiento global. Pero la joven generación no alcanzará el éxito si no es consciente de que el desafío principal estriba, de hecho, en la relación que la humanidad mantiene consigo misma.

La madre de todas las amenazas: la *ilimitación* (ausencia de límites) (la *hubris*)

Así que nos vemos obligados a afrontar una conclusión tan evidente como dramática:

La humanidad ha conseguido un progreso técnico y científico deslumbrante pero siempre se ha visto impotente a la hora de resolver su problema esencial:

¿Cómo lidiar con la rivalidad y la violencia entre los seres humanos? ¿Cómo alentarlos a cooperar y a dar lo mejor de sí y que al mismo tiempo discrepen y se opongan sin masacrarse? ¿Cómo obstaculizar la amenaza que supone la acumulación del poder que se cierne sobre los hombres y sobre la naturaleza, un poder en la actualidad ilimitado y potencialmente autodestructivo? Si la humanidad no consigue responder con presteza a esta pregunta, corre el riesgo de desaparecer, en su totalidad o en parte. Y eso pese a que se dan todas las condiciones materiales para que esta prospere, con la condición de que sea consciente de su finitud.

Las respuestas existentes

Para lidiar con este problema, disponemos de múltiples elementos con los que articular una respuesta: aquellos aportados a lo largo de los siglos por las religiones, las culturas, los códigos morales, las doctrinas políticas, la filosofía y las ciencias humanas y sociales cuando no se empañaban de intolerancia, de moralismo y de un exceso de idealismo, o bien irrealizable o bien mortífero, o, en fin, de un cientificismo estéril. Todos estos elementos, valiosos, necesitan ser recopilados y explicitados cuanto antes, de una manera fácilmente comprensible y compartible por todos aquellos que, a lo largo y ancho del mundo, ven sus esperanzas decepcionadas, sufren o temen los efectos de los desarrollos actuales, y quieren contribuir, cada uno en su propia escala y de acuerdo a sus medios, al cuidado y la salvaguarda del mundo y de la humanidad. Es decir, la inmensa mayoría.

Hay innumerables iniciativas en esta dirección, llevadas a cabo por decenas de miles de organizaciones o asociaciones, y por docenas o centenas de millones de personas. Se presentan bajo nombres, formas o escalas infinitamente variadas: la defensa de los derechos de hombres y mujeres, de la ciudadanía, de las personas trabajadoras, las desempleadas o las de menor edad; la economía social y solidaria con todos sus componentes; cooperativas de producción o consumo, el mutualismo, la economía para el bien común, el comercio justo, las monedas paralelas o complementarias, los sistemas de intercambio local, las innumerables asociaciones de ayuda mutua; la co-producción digital colaborativa (cf. Linux, Wikipedia, etc.); el decrecimiento y el postdesarrollismo; los movimientos *slow*: *slow food, slow town, slow science*, la reivindicación del *buen vivir*, la proclamación de los derechos de la naturaleza y la glorificación de Pachamama; la antiglobalización, la ecología política y democracia radical, los Indignados, Ocupy Wall Street; la búsqueda de indicadores de riqueza alternativos, los movimientos de crecimiento personal, la sobriedad voluntaria, la abundancia frugal, el diálogo de civilizaciones, las teorías del cuidado, los nuevos planteamientos de lo común, etc.

Para que estas ricas iniciativas puedan contrarrestar con suficiente empuje la dinámica mortífera de nuestro tiempo y no se vean reducidas a un papel de simple contestación o de tratamiento paliativo, es decisivo unir nuestras fuerzas y nuestras energías, de ahí la importancia de resaltar y dar nombre a lo que tienen en común.

Lo que tienen en común es la búsqueda de un *convivialismo* (proponemos este término ya que tenemos necesidad de identificar un fondo doctrinal mínimo común, del arte de vivir juntos (*con-vivere*), de un arte de la convivencia que valorice la relación y la cooperación, y permita la oposición sin aniquilación, cuidando de los demás y de la naturaleza. En oposición, porque sería no solo ilusorio sino también dañino intentar construir una sociedad que ignore los conflictos entre grupos y entre individuos. El enfrentamiento existe de manera necesaria y natural en cualquier sociedad. No solo porque en todos los lugares y momentos se dan intereses y puntos de vista diferentes, entre padres e hijos, mayores y menores, hombres o mujeres, entre los sectores más ricos y los más pobres, los más poderosos y los desvalidos, entre las personas afortunadas y las desafortunadas, etc., pero, en general, porque todo ser humano, que aspira a ser reconocido en su singularidad, propicia la presencia, en un mismo grado de intensidad y predominancia, tanto de la rivalidad como de la aspiración a la armonía y a la cooperación.

Una sociedad sana (sí, algunas sociedades son más saludables que otras, y unas cuantas lo son significativamente menos) es aquella que sabe cómo satisfacer el deseo de reconocimiento de cada individuo, y su cuota de rivalidad, de aspiración a la superación permanente de sí mismo y de propensión al riesgo, al tiempo que impide que este impulso se transforme en desmesura, en el deseo de omnipotencia, en lo que los griegos llamaron *hubris*,[1] promoviendo, por el contrario, la predisposición cooperativa hacia los demás. Este tipo de sociedad sabe cómo dar espacio a la diversidad de las personas, los grupos, los pueblos, los estados y las naciones sin permitir que la pluralidad lleve a una guerra de todos contra todos. En una

---

1. Cuya mejor traducción es sin duda «afán de grandeza», la certeza de que nada puede o debe oponerse al sentimiento o el deseo de omnipotencia del sujeto. Para los antiguos griegos, este afán de grandeza conducía inevitablemente al sujeto a su perdición. Némesis, la diosa de la venganza, era la responsable de precipitar al individuo afectado de *hubris* a un nivel tan inferior como la altura a la que había aspirado alcanzar.

palabra, hay que saber hacer del conflicto una fuerza de vida y no de muerte. Y de la rivalidad controlada, una forma de fomentar la cooperación y restablecer la confianza. Un arma que conjure toda violencia destructiva.

De hecho, no tenemos otra elección sino encontrar con la mayor celeridad algo que la humanidad lleva buscando desde el principio de su historia: una base duradera, a la vez ética, económica, ecológica y política, para la existencia en común. Esta base nunca ha llegado a establecerse con solidez, o se ha olvidado en poco tiempo, en parte porque una solución viable a cierta escala no lo es a mayor escala. Sin embargo, actualmente tenemos que pensar en términos de la humanidad global. Se han buscado (y se siguen buscando) estas bases en el ámbito de lo sagrado, tanto en el de las religiones primitivas como de las principales religiones o cuasi-religiones universales: taoísmo, hinduismo, budismo, confucianismo, judaísmo, cristianismo, islam. Esta búsqueda se adentra también en el ámbito de la razón, a partir de todas las grandes filosofías o morales seculares y humanistas. Se busca, finalmente, en la aspiración a la libertad, dentro de las grandes ideologías políticas de la modernidad: el liberalismo, el socialismo, el comunismo o el anarquismo. Lo que sí cambia, cada vez, es el mayor o menor énfasis otorgado a las responsabilidades o expectativas asignadas al individuo (lo moral) o a la colectividad (lo político), a la relación con lo natural (ecología), con lo sobrenatural (religión) o con el bienestar material (economía), aplicando escalas espaciales y demográficas diferentes. No es lo mismo, de hecho, aprender a vivir juntos y hacer compatibles las identidades y diferencias no letales, cuando se aplica a unos cuantos, a varios millones o a miles de millones.

Aquí está el primer problema que se nos plantea: ¿cómo resistir el deseo ilimitado de poder, la *hubris*? Aún no conocemos la respuesta. Pero al menos podemos poner un nombre para indicar la dirección hacia la que dirigir la búsqueda: el convivialismo.

II. DEL CONVIVIALISMO

Damos el nombre de convivialismo a todo lo que en las doctrinas y sabidurías existentes o pasadas, seculares o religiosas, contribuye a la búsqueda de principios que permitan a los seres humanos a competir por cooperar mejor y por progresar en su dimensión humana, siendo plenamente conscientes de que los recursos naturales son finitos y compartiendo la preocupación por cuidar el mundo. Es una filosofía de la convivencia, del arte de vivir juntos, no es una nueva doctrina que viene a agregarse a las ya existentes con la pretensión de revocarlas o superarlas radicalmente. Es un movimiento de cuestionamiento mutuo fundado sobre el sentimiento de la extrema urgencia con que tenemos que hacer frente a las múltiples amenazas que se ciernen sobre el futuro de la humanidad. Tiene la intención de conservar lo más preciado de todas y cada una de las sabidurías que hemos heredado.

Pero, ¿qué es lo más preciado? Y ¿cómo definirlo y aprehenderlo? Para esta pregunta no puede ni debe existir una única respuesta inequívoca. Depende de todos decidir. Sin embargo, hay un criterio clave para decidir lo que podemos retener de cada doctrina desde la perspectiva de la universalización (o pluriversalización), teniendo en cuenta tanto la amenaza de una posible catástrofe como la esperanza de un futuro mejor. Hay algo que con toda seguridad debemos conservar de cada doctrina: aquello que permite entender cómo controlar la desmesura y el conflicto para evitar que degeneren en violencia desenfrenada; aquello que fomenta la cooperación; aquello que fomenta el diálogo y la confrontación de ideas en el marco de una ética de discusión.

Estas consideraciones son suficientes para esbozar los contornos generales de una doctrina universalizable adaptada a prioridades mundiales del ahora, incluso si su aplicación concreta es por necesidad local y coyuntural. E incluso desde la evidencia de que habrá tantas variantes de convivialismo diferentes, y posiblemente en conflicto, como las hay del budismo, del islam, del cristianismo, del judaísmo, del liberalismo, del socialismo, del comunismo, etcétera (y, recíprocamente, variantes budistas, islámicas, liberales, socialistas, etc., del convivialismo). Porque, para empezar, el convivialismo no pretende en absoluto anular estas religiones o estas doctrinas. En el mejor de los casos, puede ayudar a «trascenderlas» (*aufheben*), o, dicho de otro modo, considerarlas desde una perspectiva sintética, destacando sus puntos de convergencia para una mejor visión del futuro.

Consideraciones generales

La única política legítima pero también la única ética aceptables son las que se inspiran en los cinco principios siguientes: los principios de naturalidad común, humanidad común, socialidad común, individuación legítima y oposición constructiva. Estos cinco principios están subordinados al imperativo absoluto del dominio de la *hubris*.

PRINCIPIO DE NATURALIDAD COMÚN: los humanos no viven fuera de una naturaleza de la que no deben constituirse en «dueños y señores». Como el resto de los seres vivos, son parte de ella y son interdependientes con ella. Tienen la responsabilidad de cuidarla. Si no la respetan ponen en peligro su supervivencia ética y física.

PRINCIPIO DE HUMANIDAD COMÚN: más allá de las diferencias de color de piel, nacionalidad, idioma, cultura, religión o riqueza, género u orientación sexual, solo hay una humanidad, que debe ser respetada en la persona de cada uno de sus miembros.

PRINCIPIO DE SOCIALIDAD COMÚN: los seres humanos son seres sociales para quienes la mayor riqueza es la riqueza de las relaciones concretas que tienen entre ellos en el marco de asociaciones, sociedades o comunidades de diferentes tamaños y naturaleza.

PRINCIPIO DE INDIVIDUACIÓN LEGÍTIMA: dentro del respeto a estos tres primeros principios, la política legítima es aquella que permite a todas y cada una de las personas desarrollar su propia individualidad singular desplegando sus capacidades, su poder de ser y actuar, sin menoscabar la de los demás, desde la perspectiva de la libertad igualitaria. A diferencia del individualismo que lleva a la busca del beneficio propio y la lucha de todos contra todos, el principio de individuación concede valor solo a las personas que afirman su singularidad respetando su interdependencia con los demás y con la naturaleza.

PRINCIPIO DE OPOSICIÓN CONSTRUCTIVA: porque todos tenemos vocación de manifestar nuestra singularidad individual, es normal que los humanos se enfrenten unos a otros. Pero únicamente es legítimo hacerlo mientras no se ponga en peligro el marco de humanidad común, socialidad común y naturalidad común que hacen la rivalidad fructífera y no destructiva. La buena política es entonces la que permite a los seres humanos diferenciarse poniendo la rivalidad al servicio del bien común. Lo mismo se puede afirmar de la ética.

A estos cinco principios, traspasándolos a todos, se agrega un imperativo:

IMPERATIVO DE DOMINIO DE LA *HUBRIS*. La primera condición para que la rivalidad y la competencia se pongan al servicio del bien común es lograr que se liberen del deseo de omnipotencia, de la desmesura, de la *hubris* (y *a fortiori* de la *pleonexia*, el deseo de tener siempre más). Se convierte así en una rivalidad para cooperar mejor. Dicho de otra manera: tratar de ser el mejor es muy loable si es para sobresalir, en la medida de sus medios, en la capacidad para satisfacer las necesidades de los demás, de darles más y mejor. Esto es muy diferente del deseo de acapararlo todo a cualquier precio, tomando de otros lo que es suyo. Este principio de control de la *hubris* es en realidad un metaprincipio, el principio de los principios. Impregna todos los demás y debe servir como su regulador y muro de defensa. Porque cada principio, llevado al extremo y sin la moderación de los otros, entraña el riesgo de revertir en su opuesto: el amor a la naturaleza o a la humanidad abstracta en el odio a hombres concretos; la socialidad común en corporativismo, clientelismo, nacionalismo o racismo; la individuación en un individualismo indiferente a los demás; la oposición constructiva en la lucha entre los egos, en el narcisismo de la pequeña diferencia, en conflictos destructivos. Por lo tanto, este imperativo se puede calificar de «categórico».

III. DEL PRIMER AL SEGUNDO MANIFIESTO CONVIVIALISTA

El primer *Manifiesto convivialista* (2013) solo contenía cuatro principios: los principios de la humanidad común, de socialidad común, de la individuación legítima y la oposición constructiva.

Después de su redacción, se hizo gradualmente evidente que cada uno de estos principios enunciaba en cierta manera el valor central de una de las cuatro grandes ideologías políticas de modernidad, uno de los cuatro componentes del ideal democrático. La afirmación de una humanidad común se sitúa en el corazón del comunismo. El socialismo se inspira en el principio de la socialidad común, el anarquismo en la individuación legitima. O podríamos decir que, en principio, el comunismo privilegia la fraternidad, el socialismo la igualdad y el anarquismo, la libertad.

El liberalismo es más difícil de situar. Entendido de manera general y en su sentido original, se identifica con el principio de la oposición constructiva. Valoriza y hace posible el pluralismo. Un pluralismo que se debe entender en un doble sentido. El liberalismo original acepta en principio, incluso recomienda, la pluralidad de opiniones, costumbres y creencias. Pero recomienda igualmente no confundir y no amplificar las diferentes lógicas de acción social. Separar las esferas. No fusionar y confundir lo legislativo, lo ejecutivo y lo judicial; la economía, la política y la ideología; el saber, el poder y el tener.

Este principio se inserta en la raíz del ideal democrático moderno. Como tal, por tanto, es la condición que hace posible las otras tres ideologías políticas modernas. Era necesario rechazar la aceptación ciega de la ley divina, que justificaba la existencia de los reyes y otros poderosos o de los libros sagrados para dejar el campo abierto a la inventiva política. El liberalismo original es, por tanto, la ideología política moderna por excelencia.

Pero el liberalismo, entendido de otra manera, es también una ideología como otras, del mismo rango, cuando reduce la oposición legítima únicamente a la competencia económica y valora solo el individualismo en detrimento de la humanidad común y la socialidad común. Entonces se convierte en *liberismo* (un liberalismo limitado al mercado único), *libertarismo* o neoliberalismo. Un neoliberalismo que es quizá el peor enemigo del liberalismo original, el liberalismo político.

Las grandes religiones universales, por supuesto, han tratado también estos cuatro principios, cada una a su manera. Cuando apelan, por ejemplo, al amor o la compasión, honran el principio de la humanidad común. Al abogar por la solidaridad y el intercambio, respetan el principio de socialidad común. Mostrando las vías de la salvación, la energía vital o la liberación, permiten cierta individuación. Pero, puesto que subordinan estos valores al reconocimiento de una realidad espiritual trascendente a la subjetividad humana, es difícil que permitan desarrollarse la oposición constructiva, ejerciendo el control sobre la fecunda capacidad de este principio. Este es el este punto que ha provocado la ruptura de las religiones con la modernidad democrática, que insiste en que el principio de la individuación legítima debe aplicarse también aquí, en la tierra.

El relato de la modernidad democrática, como vemos claramente en la actualidad, plantea dos series de problemas, todavía sin resolver, que no se pueden explicar sin la preocupante desafección por el ideal democrático que se ha extendido a día de hoy por todo el mundo. Por una parte, cuando cada uno de estos discursos se preocupa casi exclusivamente de su principio central y pasa por alto la importancia de los otros, no logra alcanzar su objetivo. Por sí solo, el ideal comunista de fraternidad, por ejemplo, tiende a degenerar en totalitarismo. Abandonados a sí mismos, los ideales socialistas de solidaridad e igualdad tienden a transformarse en estatismo, el ideal anarquista a degradarse en nihilismo, y el ideal liberal en economicismo y plutocracia. Y, por supuesto, estas diferentes formas de corrupción de los valores primigenios se pueden combinar entre ellas y engendrar dictaduras, burocracias, clientelismo más o menos mafioso, caos, guerras civiles, etc. El convivialismo, por su parte, insiste en la necesidad de reconocer la interdependencia de los cuatro principios. Sostiene que deben estar bien templados, equilibrados los unos con los otros. Solo combinándolos y articulándolos con el principio de naturalidad común podemos llegar a una primera superación de las ideologías heredadas.

¿Por qué un quinto principio y un imperativo categórico?

Por otro lado, la declaración de estos cuatro principios se reveló insuficiente para desarrollar plenamente la propuesta del convivialismo. Si en la actualidad se considera necesario agregar el principio de naturalidad común y el metaprincipio del control de la *hubris*, es porque estos últimos pusieron en evidencia claramente los dos puntos ciegos de las ideologías democráticas modernas. Todas, en diferente grado cada una, de hecho comparten la misma limitación. Puesto que plantean que los humanos son, por encima de todo, incluso exclusivamente, seres con necesidades, deducen que la causa del conflicto entre ellos es la escasez material. Y hay en ello, por supuesto, una parte de verdad. Pero la necesidad es inseparable del deseo de reconocimiento. Podemos satisfacer todas las necesidades materiales de un recién nacido privado de su madre, pero si no recibe amor, si no es no reconocido en su singularidad, entonces muere o fracasa en su desarrollo. La esperanza de satisfacer todas las necesidades solo puede llevar a la decepción, porque la necesidad se realimenta sin cesar y se aviva por el deseo. Si este deseo no se satisface de forma paralela (mediante el afecto, el respeto o la estima) al tiempo que es limitado por prohibiciones que evitan que degenere en *hubris*, las necesidades se vuelven insaciables, sea cual sea el nivel de riqueza alcanzada.

Puesto que reducen el problema político a la satisfacción necesidades, y en particular de necesidades materiales, los discursos clásicos de la modernidad democrática demuestran ser constitutivamente incapaces de afrontar el problema crucial de la humanidad. Un problema que es a la vez psicológico y político, individual y colectivo. En el plano colectivo, es el de saber limitar la aspiración a la omnipotencia de los «grandes», «que desean mandar y oprimir» (por decirlo en palabras de Maquiavelo), la *hubris* inherente al deseo humano cuando no es canalizado. La *hubris* de los grandes puede desencadenar, por mimetismo y envidia de los «pequeños», su rencor, sus celos o su resentimiento.

Para satisfacer necesidades que se evidencian insaciables por la falta de límites del deseo, uno debe convertirse en «dueño y señor de la naturaleza», abandonar una relación de donación / contra-donación en la cual uno no puede tomar sin dar algo a cambio, aunque sea simbólicamente. Pero la naturaleza tiene sus límites, claramente alcanzados hoy. Ella ya nos ha dado (o mejor dicho, le hemos tomado) una buena parte de lo que puede dar. Debido a que no recibe la atención que se merece, Gaia se venga. De ahí la necesidad de afirmar, mediante el principio de naturalidad común que nuestro destino está ligado al suyo, que vivimos con ella en una relación de interdependencia, y que al agotarla es nuestra propia supervivencia lo que ponemos en serio peligro, como lo entiende la ecología política desde hace ya tiempo. La ecología política es el quinto discurso de la modernidad, el más reciente. El más preciado, tal vez, pero que aún carece de la capacidad de precisar su relación con otras ideologías heredadas.

En cuanto al metaprincipio del control de la *hubris*, si bien fue concebido por los antiguos griegos, formula en sí mismo el problema central que en la actualidad debe afrontar con resolución la humanidad. Si esta no puede encontrar en nombre de qué y cómo canalizar el potencial del deseo sin límites, entonces tendrá dificultades para sobrevivir. El papel principal propiamente social y político de las religiones ha sido precisamente ese: restringir el deseo de omnipotencia, de los «grandes» y los «pequeños», tratando de someter a unos y otros a una ley trascendente, a la heteronomía, y ofreciendo destellos de esperanza de recompensa —para aquellos que sean capaces de resistir a la tentación— o de temor a las amenazas de castigo pre o postmortem para aquellos que cedan a ella.

El problema que plantea el discurso de la democracia moderna estriba en que no ofrecen ninguna contención al deseo sin límites. Su grandeza se basaba en la promesa de emancipación, en otras palabras, en la afirmación de que la individuación, la subjetivación, el convertirse en sujeto son posibilidades ofrecidas a todos. Sí, dicen, es posible, necesario, deseable «abandonar el estado de minoría», de heteronomía, y liberarse del dominio de los «grandes». Pero al final, la mayoría de las veces, estos discursos no son capaces de concebir la emancipación más que como un derecho decretado para igualar la *hubris* de los grandes y para reproducirlo, en mayor o menor medida, cada uno a su nivel. En cierto modo, es la pretensión de que, al dejar de ser sirvientes, nos convirtamos todos en amos. Este planteamiento es una hipótesis imposible y de ninguna manera resuelve el problema de la *hubris*. Ni en el plano colectivo, ni en el individual.

¿Cómo, por tanto, convencer a los no creyentes, los incrédulos, los «modernos», especialmente cuando ya han dejado de creer en las «religiones seculares», el comunismo, la República, el socialismo, el progreso, etc. —de renunciar a la *hubris*, al deseo infantil de omnipotencia—, si ya no esperan ninguna recompensa o ya no temen las sanciones en el más allá? ¿Por qué, en nombre de qué, deberían renunciar a su deseo de dominar a su vez a aquellos que ahora tienen el poder de la dominación?

La respuesta es que al violar los principios de humanidad común, socialidad común, naturalidad común, individuación legítima para todos y oposición constructiva, ponen en peligro la supervivencia de la humanidad y por lo tanto se exponen a la ira y al desprecio de los demás. Una ira y un oprobio legítimos. Una cólera justa que hay que evitar que se transforme, sin embargo, en odio y resentimiento, bajo pena de intercambiar una *hubris* tóxica por una *hubris* aún más devastadora.

Bajo el reinado del neoliberalismo y el capitalismo del lucro y la especulación, el único valor que subsiste es la riqueza mercantil. El pensamiento dominante solo considera dignos de reconocimiento a aquellos que gozan del poder que da el dinero. La confianza cede su sitio a la desconfianza. En una sociedad convivialista, por el contrario, obtendrán reconocimiento en primer lugar todas aquellas acciones encaminadas a hacer respetar el principio de humanidad común, aquellas que contribuirán a fomentar relaciones sociales más armoniosas, que preservarán el medio ambiente natural, y que se desarrollarán en el arte, la ciencia, la técnica, el deporte, en el seno de la creatividad democrática, del convivialismo, etc. El convivialismo es en primer término un movimiento de renovación de los valores hoy dominantes y de la invención de nuevos valores que hagan avanzar en humanidad.

IV. CONSIDERACIONES POLÍTICAS, MORALES, ECOLÓGICAS Y ECONÓMICAS

Detallemos de manera sucinta las consideraciones generales desarrolladas hasta ahora para desentrañar mejor los cimientos profundos del convivialismo.

Consideraciones morales

Todo individuo puede esperar ser reconocido en igualdad de dignidad al resto de los demás seres humanos, así como acceder a condiciones materiales suficientes para llevar a cabo su ideal de una vida satisfactoria, dentro del respeto a las concepciones de los demás y buscar, de ese modo, ser reconocido por ellos al participar de manera efectiva, si lo desea, en la vida política y en la toma de decisiones que afecten a su futuro y el de su comunidad.

Lo que está prohibido para él es caer en la desmesura y en el deseo infantil de omnipotencia (la *hubris* de los griegos), en otras palabras, violar el principio de humanidad común y poner en peligro la socialidad pretendiendo pertenecer a alguna especie superior o acaparando y monopolizando una cantidad de bienes o una cuota de poder tal que la existencia la vida social de todos se vea comprometida.

Concretamente, es deber de todos, en proporción a los medios y el coraje de que disponga cada uno, luchar contra la corrupción y denunciarla allí donde se tenga conocimiento de su existencia, incluso en contra de la opinión de los mandatarios. La denuncia, a menudo costosa y arriesgada, difiere de la delación porque su único motivo es la preocupación por el bien común y no el obtener una ventaja y menos aún ajustar cuentas personales. Pero este deber incluye también el de no dejarse corromper y por tanto, negarse a aceptar dinero (o poder, o prestigio institucional) mentiras, engaños, encubrimientos o prácticas ilegales.

Consideraciones políticas

Es ilusorio esperar en un futuro previsible la constitución de un estado mundial. Los estados seguirán siendo por mucho tiempo la forma de organización política dominante, ya sean nacionales, plurinacionales, pre o postnacionales, incluso si se buscan nuevas estructuras políticas, como es el caso de Europa, o aparecen en escena muchos otros modos de acción política, especialmente a través de asociaciones y ONG. En la perspectiva convivialista, un estado, un gobierno, o una nueva institución política, solo se puede considerar legítimo si:

– Respetan los cinco principios de naturalidad común, humanidad común, socialidad común, individuación y oposición constructiva, y facilitan la implementación de consideraciones morales, ecológicas y económicas que observen el imperativo del dominio de la *hubris*.

– Estos principios se inscriben en el marco de una universalización de los derechos civiles y políticos, pero también económicos, sociales, culturales, ambientales. Estos principios renuevan ampliándolos el espíritu de la declaración de Filadelfia (que redefinieron en 1944 los objetivos de la Organización Internacional del Trabajo) que estipuló en su artículo 2 que «todos los seres humanos, cualesquiera que sea su raza, credo o género tienen derecho a perseguir su progreso material y su desarrollo espiritual en libertad y dignidad, en seguridad económica y en igualdad de oportunidades». La buena política es una política de la dignidad.

— Más específicamente, solo son legítimos los estados que garantizan a sus ciudadanos más pobres un mínimo de recursos, un ingreso básico, cualquiera que sea su forma, que los mantenga a salvo de la abyección de la miseria; y que prohíba de forma gradual a los ricos, a través de la instauración *de un máximo de ingresos y riqueza*, caer en la abyección de la riqueza extrema llegando a un nivel que convirtiere en inoperantes los principios de humanidad común y socialidad común. Este nivel puede ser relativamente alto, pero no ir más allá de lo que implica el sentido común de la decencia (*common decency*), la apreciación compartida por una mayoría lo más amplia posible de lo que se puede hacer o, por el contrario, no se debe hacer.

— Aseguran el equilibrio correcto entre bienes e intereses privados, comunes, colectivos y públicos, sobre todo recuperando la capacidad de acción frente a las grandes empresas supranacionales que intentan evadir sus leyes.

— Favorecen, dentro del flujo de la corriente del Estado y el Mercado, la multiplicación de actividades comunitarias y asociativas, constitutivas de una sociedad civil mundial donde el principio de autogobierno recupere sus derechos en una pluralidad de espacios de compromiso cívico, en el seno y más allá de los estados y naciones.

— Reconocen, a condición de que sean sometidas a control, que las múltiples redes digitales, de las cuales internet es una de los principales pero no la única, son una poderosa herramienta para democratizar la sociedad e inventar soluciones que ni el mercado ni el Estado han sido capaces de producir. Otorgándoles la consideración de bien común, las fomentan gracias a una política de apertura, acceso gratuito, neutralidad y uso compartido.

– Implementan una política de preservación de bienes comunes heredados, de fomento de la creación, consolidación y expansión de nuevos bienes comunes de la humanidad, y renueven la vieja herencia de los servicios públicos.

Consideraciones ecológicas

Los humanos ya no pueden seguir considerándose dueños y señores de la naturaleza, con derecho a extraer sin límites todo lo que contiene. Afirmando que, muy al contrario, son parte de ella, tienen que reencontrar, al menos metafóricamente, una relación de donación/contra-donación. Para permitir la justicia ecológica en el presente y dejar a las generaciones futuras un patrimonio natural preservado, deben devolver a la naturaleza tanto o más de lo que toman o reciben de ella.

– El nivel de prosperidad material universalizable a escala planetaria es aproximadamente el que disfrutaban de promedio los países más ricos hacia 1970 con la condición de que sea obtenido con las técnicas productivas de hoy. Como no se puede pedir el mismo esfuerzo ecológico a los países que llevan siglos obteniendo recursos de la naturaleza que a aquellos que comienzan a hacerlo, a los más ricos y a los más pobres, corresponde a los países más ricos asegurarse de que sus extracciones de la naturaleza vayan disminuyendo constantemente en comparación con los estándares actualizados de la década de 1970. Si quieren preservar su calidad de vida actual, es prioritario para este objetivo aplicar el progreso técnico dedicado a reducir significativamente el consumo depredador.

– La prioridad absoluta es la reducción de emisiones de CO_2 y el uso prioritario de energías renovables alternativas a los combustibles nucleares y fósiles.

– Las cifras de crecimiento del PIB no podrán, por lo tanto, calcularse sin contener, como mínimo, un índice de reducción de emisiones de CO_2 y del consumo de combustibles fósiles, de pesca y minerales. En términos generales, es necesario crear un marco de revisión de los sistemas de normas contables en vigor, para avanzar hacia una contabilidad bio-eco-compatible.

– La relación de donación/contra-donación y de interdependencia debe ejercerse en particular con los animales, a los que es necesario dejar de considerar como material industrial. Y, de forma general, con la Tierra.

Consideraciones económicas

No existe una correlación probada entre la riqueza monetaria o material, por un lado, y la felicidad o el bienestar, por el otro. El estado ecológico del planeta hace necesario buscar todas las formas posibles de prosperidad sin crecimiento. Para ello, y desde la perspectiva de una economía plural, es imprescindible instaurar un equilibrio entre el mercado, la economía pública y la economía no mercantil y no monetaria (la llamada economía del «tercer sector», la economía social y solidaria, la economía de los bienes comunes, o la «economía moral» que juega un papel esencial en la familia y las asociaciones) según los bienes o servicios a producir sean individuales, colectivos, comunes o privados.

– El mercado y la búsqueda de rentabilidad monetaria son totalmente legítimos siempre que respeten —en particular a través de los derechos (sociales y) sindicales— los postulados de humanidad común y socialidad común, y que sean coherentes con las consideraciones ecológicas anteriores.

– La prioridad es luchar contra la deriva especulativa y lucrativa de la economía financiera, que es la causa del despilfarro capitalista actual. Eso implica impedir la desconexión entre la economía real y la economía financiera mediante la regulación estricta de la actividad bancaria y los mercados financieros para materias primas, limitando el tamaño de los bancos y poniendo fin a los paraísos fiscales.

– Esto hará posible el desarrollo real de toda la riqueza humana, que está lejos de reducirse únicamente a la riqueza económica, material o monetaria. La auténtica riqueza que encierra el sentimiento del deber cumplido, la solidaridad o la participación; así como todas las formas de creatividad, artística, técnica, científica, literaria, teórica, deportiva, etc. En una palabra, es inherente a alguna forma de gratuidad o creatividad y a la relación con los demás.

V. ¿PROFUNDIZACIÓN O AUTODESTRUCCIÓN DE LA DEMOCRACIA?

La paradoja central actualmente es la siguiente. Nuestra época puede conducirnos tanto a un triunfo total del principio democrático como al de su posible autodestrucción.

La democracia moderna se basa en la premisa de la igualdad de partida de todos con todos, de su humanidad común.

Ahora bien, esta igualdad y esta humanidad común se afirman y reivindican hoy con una fuerza sin precedentes y difícil de imaginar hasta hace poco tiempo. La preeminencia del pensamiento occidental y el tipo de universalismo que este promulga es cuestionada en nombre de la igualdad entre culturas y, más concretamente, entre ex colonizados y ex colonizadores, o entre «razas». De igual modo, o aun con más potencia, se ha generado una ola de fondo, imparable, para hacer prevalecer la igualdad no solo entre hombres y mujeres, sino también entre orientaciones sexuales o entre géneros. Y esta reivindicación de igualdad se está extendiendo ahora al mundo animal en nombre del antiespecismo y de la naturalidad común.

A la inversa, nunca, desde su invención hace uno o dos siglos, los regímenes políticos que se proclaman como la democracia moderna y representativa han estado tan desacreditados, como si, al ser incapaces de cumplir su promesa de emancipación general, estuviesen condenados a dar paso a regímenes autoritarios que burlen rápidamente las premisas democráticas que los llevaron a poder. Lo que hace que cuanto más reclamamos la democracia, más se aleja esta.

¿Por qué valorar la democracia y cuál de ellas?

El primer problema que se plantea hoy en día de forma acuciante es si es conveniente plantear siempre la lucha en nombre de un ideal de democracia.

¿Debe una sociedad convivialista ser necesariamente una sociedad democrática? Si bien la respuesta afirmativa ya se manifestó cuando se publicó el primer *Manifiesto convivialista* en 2013, es forzoso destacar que el modelo democrático de gobierno está en crisis de forma generalizada. No solo la democracia está en constante declive en el mundo y cada vez más cede el paso a regímenes dictatoriales o, en el mejor de los casos (o el menos malo), a las democracias llamadas «iliberales» o «democraturas», sino que, lo que es más alarmante aún, cada vez atañe menos a los jóvenes en los países occidentales. Ahora la palabra suena hueca. Ya no es portadora de esperanza. Ya no «creemos» en ella.

Sin embargo, como podemos ver, todas las revueltas, todos los levantamientos populares se desarrollan en nombre de los valores democráticos. Siempre, en cualquier lugar, nos rebelamos sea contra la monopolización del poder por una casta o una familia, contra la corrupción, las fortunas insultantes y las evidentes desigualdades, los arrestos arbitrarios, la brutalidad policial y la tortura. Y reclamamos la libertad de opinión, la libertad de prensa, el pluralismo de partidos y las elecciones verdaderamente libres y transparentes. La democracia aparece entonces como la única forma de garantizar una humanidad común y una socialidad común y de permitir la individuación legítima de todos en el marco de la oposición constructiva. En pocas palabras, allí donde la democracia no existe, se convierte en la máxima aspiración. Allí donde parece asentada, donde las elecciones no están amañadas, donde se da un verdadero pluralismo de partidos y libertad de prensa, nos adherimos cada vez menos a ella. Las razones de esta desafección por la democracia son múltiples:

– A nivel internacional, el hecho de que los valores democráticos fueran y sigan siendo suscritos por los ricos países occidentales que colonizaron o dominaron la tierra, los convierte obviamente en sospechosos. Aparecen indisociables del deseo de hegemonía. Detrás de las proclamas bienintencionadas, se adivinan intereses inconfesables. La pretensión de imponer la democracia por medio de la intervención armada también contribuyó en buena manera a su descrédito.

– Incluso dentro de los países occidentales, la subordinación de las reglas democráticas a la lógica neoliberal, y por lo tanto al capitalismo del lucro y la especulación, generó un vacío de sentido ¿De qué sirve votar si *there is no alternative* (no hay alternativa), si la profesionalización creciente de las mujeres y los hombres de la política los hacen cada vez más lejanos de sus electores, y si el funcionamiento de la democracia no beneficia claramente más que al 10% más rico y propicia el enriquecimiento vertiginoso de 1%, 0,1% o incluso el 0,001%?

– La globalización neoliberal, por otro lado, está haciendo volar en pedazos sociedades y comunidades políticas. La definición más conocida de democracia es la formulada por Abraham Lincoln: «El gobierno del pueblo, por el pueblo, para el pueblo». Pero ¿qué es un pueblo? ¿El conjunto de todos aquellos que comparten un mismo origen, el mismo idioma, una misma tradición, una misma religión? ¿Los que pertenecen a una misma comunidad política? ¿Los de abajo en comparación con los de arriba? Lo que es seguro es que ahora, de forma extendida, las sociedades y comunidades políticas, incluso las más antiguas, tienden a fracturarse en cuatro bloques de población que se ignoraran mutuamente cada vez más: los *globalizados*, los que se benefician de la globalización de una forma u otra (sean nacionales o extranjeros); los *incluidos*, aquellos cuya situación y cuyos ingresos están prácticamente garantizados; los *precarios,* aquellos cuya situación e ingresos son inciertos; y los *excluidos*, aquellos (a menudo de inmigrantes o pertenecientes a culturas o 8 empleo, sino que también son víctimas de una estigmatización específica. Imposible honrar el principio de socialidad común sobre esta base.

– La brecha creciente entre estos cuatro bloques de población puede explicarse por la dinámica del mercado mundial que distorsiona radicalmente los puntos de referencia heredados en espacio y tiempo. Solo para mantenerse en el mismo sitio y conservar la misma posición social y los mismos ingresos, hay que ir cada vez más deprisa. Para no retroceder, hay que acelerarse constantemente. Simétricamente, gracias a los modos de transporte existentes y la penetración de internet, lo más lejano puede ser lo que tengamos más cerca, de modo que la idea misma de «mi casa» o de «entre nosotros» pierde consistencia cada día.

– Esta fractura del espacio social, combinada con las leyes del Mercado, la aceleración y deslocalización, arruina el sentimiento de socialidad común. Cuando se le superponen antagonismos religiosos o culturales, la situación se vuelve explosiva. A todos estos factores debemos agregar la fragilidad constitutiva de la democracia, su indeterminación relativa a lo que se podría llamar la tendencia a la *hubris* democrática.

– La democracia es un régimen frágil, tan difícil de establecer como fácil de perderse. Difícil de instaurar: los múltiples ejemplos de insurrecciones o revueltas que han desembocado en gobiernos militares o dictaduras incluso más feroces que las que derribaron están ahí para dar fe de ello. Muestran que la democracia lo tiene muy difícil para autogenerarse. Y ya hemos perdido la cuenta de los casos de elecciones «democráticas» promovidas por dictadores cuyo único objetivo era acabar con la democracia. El caso más célebre sigue siendo el de la llegada al poder de Hitler. La celebración de elecciones, incluso libres al comienzo, no garantiza la solidez y permanencia de la democracia si los valores dominantes en una sociedad, en un momento dado, no son en sí mismos democráticos.

– Los regímenes que se consideran democráticos hoy día, se basan en dos principios cuya conjugación es siempre incierta. El primer principio, el principio liberal en el sentido amplio e inicial del término, es el de pluralismo y debate libre. Se supone que los perdedores reconocen su derrota y que los vencedores aceptan que su poder puede ser cuestionado. Y por encima de todo que, puesto que nadie tiene la absoluta convicción de tener razón, todos están abiertos al debate. El segundo principio plantea que ese poder solo puede proceder del pueblo. Pero ese pueblo es, por sí mismo difícil de localizar. No existe más que representado, lo que da plena libertad a sus «representantes» para reemplazarlo.

– Finalmente, la dinámica democrática, la aspiración general a la igualdad de oportunidades, conlleva un riesgo de *hubris* siempre que no esté atenuada por una preocupación por el bien común. Todos, por miedo a ser dominados, quieren afirmar su propia superioridad. Cada grupo, incluso cada individuo, exige reivindicaciones específicas en nombre de la democracia y pretende obtener nuevos derechos para sí mismo mientras se desentiende de la obligación de defender la democracia como tal. La parte, incluso la parcela, se toma por el todo. Vemos desarrollarse democracias sin demócratas, especialmente porque cada grupo particular, encerrado en la esfera de sus intereses y reivindicaciones propias, solo presta atención a la información o las ideas que van en su dirección. Ya no existe, estrictamente hablando, una opinión y un espacio públicos, sino una miríada de espacios públicos particulares que no se comunican entre ellos. En el mejor de los casos, se ignoran mutuamente.

Hacia una democracia convivialista

Como podemos ver, las razones para no creer más en la democracia son numerosas. Tal vez necesitamos otra palabra para designar el régimen político conveniente que ha de venir. Pero como, hasta la fecha, no ha aparecido ninguna, por fuerza hemos de seguir diciendo con Churchill que la democracia, todavía hoy, es el peor de los regímenes a excepción de todos los demás. La apuesta del convivialismo es que solo una democracia convivialista puede ser plenamente democrática. El principio de la individuación legítima ofrece a todos y cada uno la oportunidad de ser reconocidos en su singularidad, siempre que entre en juego la oposición constructiva. Situando fuera de la ley tanto la miseria como la extrema riqueza, los principios de la humanidad común y la socialidad común impedirían las derivas oligárquicas y plutocráticas.

El buen funcionamiento de una democracia convivialista implica el cumplimiento de, al menos, los cinco puntos siguientes:
– La aplicación efectiva del principio de subsidiariedad: solo lo que no se puede realizar o decidir en un nivel jerárquico inferior y local se debe resolver en niveles jerárquicamente superiores.
– Una articulación sistemática entre democracia representativa, democracia participativa y directa, y democracia de opinión (o deliberativa). La democracia participativa

(consulta ciudadana de toda decisión importante) solo puede ser efectiva si es lo más directa posible, en otras palabras, si descansa en gran parte en muestreos aleatorios. Pero la opinión de los ciudadanos extraída de un muestreo aleatorio solo tiene sentido si viene precedida, siguiendo el principio del consenso informado, por la escucha de la opinión de expertos con puntos de vista variados u opuestos. Y que realmente se tome en cuenta. Por lo tanto, si los órganos ejecutivos electos no acatan la opinión formulada por las instancias escogidas por muestreo, se hace necesario que estas últimas gocen de la potestad de someter su propuesta al voto de los ciudadanos interesados.

– Establecer los hechos. Existen, y son necesarios, múltiples debates filosóficos, sobre la idea misma de la verdad, la realidad y la objetividad. Pero ninguno concluye que cualquiera tiene derecho a decir que es de noche cuando es de día, o de afirmar y hacer pasar por cierto lo que va en dirección de su interés inmediato. El estallido de las sociedades en bloques de población que se ignoran entre sí (cuando no se odian), que se ve a la vez reforzado por la multiplicación de los canales de información, a menudo manipulados, desemboca en una multiplicación de noticias falsas que hacen que el debate democrático sea cada vez más problemático. Puede haber muchas interpretaciones de los mismos hechos, pero estos deben establecerse de la manera más objetiva posible, fuera de cualquier espíritu partidista. Por lo tanto, es vital que haya un buen número de institutos públicos, con investigadores por encima de toda sospecha, dedicados a establecer los datos fácticos necesarios (sobre la efectividad de los medicamentos, sobre la nocividad de ciertos productos, sobre las desigualdades, sobre el estado de los suelos o ríos, sobre el clima, etc.). Y que haya también medios de comunicación públicos dedicados a la difusión de estos datos. Quizá no sean los más entretenidos (aunque ¿por qué no?) ni los más consultados, pero su existencia es indispensable.

– Como hipótesis, en una democracia el fundamento del poder se considera inmanente. Se basa en el contrato social y la apuesta por la confianza mutua, incluso si en algunos países este contrato se hace «ante Dios» (en Canadá, por ejemplo). Cualquiera que sea el estatuto jurídico de las relaciones entre la religión y el Estado, este último no destituye a las autoridades y normas religiosas. La ciudadanía es independiente de la religión y todos los ciudadanos son formalmente iguales sean cuales sean su religión y sus convicciones. El Estado garantiza la libertad de religión y pensamiento así como la libertad de culto.

– Finalmente, una democracia no puede ser vital y fructífera si no se da entre aquellos cuyo deseo de estar allí y juntos prevalece al de estar en otro lugar y con otros. Entre aquellos que quieren dar y darse a los demás y recibir de ellos. Este es el corazón del principio de socialidad común. Las fronteras de este estar juntos vendrán en gran medida dictadas por la historia, por el pasado que acuerden asumir juntos para construir un futuro común.

El marco imaginario en el que se han desarrollado las democracias modernas era el de la nación. Todavía permanece pero, obviamente, ya no puede basarse en su primer mito constitutivo, en la idea de que los miembros de una nación tienen o deberían tener, en la realidad o simbólicamente, un mismo origen étnico, un mismo lugar de nacimiento (la *natio*), una misma lengua, una misma religión o, en su defecto, al menos los mismos valores y las mismas creencias. El problema que se plantea en todos los países hoy es cómo lograr preservar sobre una base multiétnica y multicultural la aspiración a la solidaridad que se ejerció ayer como parte de una nación supuestamente monoétnica y monocultural. Por tanto, aquí se plantea la cuestión del grado de compatibilidad entre valores últimos y creencias (o descreencias) diferentes. Emerge la cuestión del pluriversalismo.

Pluriversalismo y convivencia de culturas

El convivialismo probablemente no ayudara a prevenir los desastres que amenazan al conjunto de los pueblos de la Tierra si no tiene pleno sentido para todos ellos. Si no es susceptible de tener alcance universal. ¿El convivialismo debe entonces considerarse como un universalismo? Sin duda sería peligroso. Fue en nombre de valores supuestamente universales, en nombre del universalismo, al igual que en nombre de la ciencia y de la razón que Occidente colonizó o aseguró su dominio en todo el planeta. Pretender el universalismo, es, por lo tanto, correr el riesgo de ser asociado inmediatamente con una forma u otra de imperialismo. Pero, simétricamente, afirmar la singularidad irreductible de las culturas, su inconmensurabilidad, lleva inevitablemente al fracaso de todo proyecto ético y político global (*largo sensu*) de ámbito mundial. Y precisamente es de lo que estamos imperativamente necesitados.

– Por tanto, es vital escapar de la falsa alternativa entre universalismo y comunitarismo. Todo universalismo reduccionista es defectuoso porque, en su construcción, pierde y tritura singularidades y particularidades. Simétricamente, los comunitarismos particularistas impiden la visión de los fundamentos del pensamiento común a toda la humanidad sobre los cuales su particularidad cobra sentido.

– Afirmar la inconmensurabilidad de las culturas o las religiones —que a menudo son sus matrices— es no reconocer que, lejos de tener una identidad única, fija, hoy y para siempre, de ser homogéneas y compactas como si fueran sustancias encerradas en sí mismas de una vez por todas, son intrínsecamente plurales. Cada una es portadora de múltiples posibilidades. La pregunta que se plantea hoy es saber cuál de estas posibilidades es susceptible de ser actualizada y priorizada para contribuir a la supervivencia moral y física de la humanidad.

– Existen muchos valores comunes a todas las culturas, cuando están dispuestas a razonar desde el punto de vista de la humanidad en general, o al menos desde el punto de vista de una humanidad lo más amplia posible, no desde su humanidad particular. Pero cada cultura formula estos valores en su propio lenguaje, del mismo modo que el universal ético y político (*largo sensu*) que el convivialismo busca expresar en los términos más generales (y por lo tanto a compartir) posibles se presenta siempre bajo formas particulares y plurales. El verdadero universalismo no es tanto universalismo como pluriversalismo.

– El hecho de que estos valores nunca sean expresables en un único idioma, en términos de una única cultura, es un tesoro. Cada una hace visible a las demás lo que por ellas mismas no son capaces de ver, o ven con dificultad.

– Cada cultura a su manera, desde el momento en que elige argumentar desde una perspectiva humana más amplia, ya enuncia los principios del convivialismo, aunque a menudo sea de manera parcial. Todas, en diversos grados, admiten el principio de humanidad común (incluso si continúan albergando algunas reservas), todas valoran la socialidad común (aunque a menudo también apoyen las jerarquías). Todas conceden un lugar a la individuación y todas se esfuerzan por regular la oposición, incluso si a menudo les resulta difícil dar reconocimiento a la creatividad potencial. Digámoslo de otra manera. Las tradiciones religiosas y las tradiciones culturales a menudo están estrechamente entrelazadas. El papel de las religiones es por naturaleza ambivalente. Debe a la vez proporcionar una identidad a los colectivos y contener la violencia, en ambos sentidos de la palabra contener. Las religiones ponen límites a la violencia entre humanos y se orientan en principio a erradicarla, pero no están exentas de que también se da en su seno. Cuando las religiones privilegian su función identitaria y esta se enfrenta con la función de identitaria de otra religión, liberan la violencia que contenían y la exacerban, a veces hasta el paroxismo.

– Sin embargo, por efecto de la dinámica democrática, las más altas jerarquías religiosas actuales, cristianas, islámicas o budistas, etc., están de acuerdo en proclamar que «Dios [o Allah …] […] creó a todos los seres humanos iguales en derechos, deberes y dignidad, y los llamó a convivir como hermanos entre ellos, para poblar la Tierra y difundir los valores del bien, la caridad y la paz. También «prohibió matar, alegando que cualquiera que mate a una persona es como si hubiera matado a toda la humanidad y que cualquiera que salve una vida es como si hubiera salvado la humanidad entera». Las mismas autoridades afirman que «las religiones nunca incitan a la guerra y no alientan sentimientos de odio, hostilidad, extremismo o invitación a la violencia o el derramamiento de sangre».[1] Es difícil de encontrar una afirmación más contundente de la humanidad común.

---

1. Recogemos aquí los términos de una declaración, *La fraternidad humana. Por la paz mundial y la convivencia común*, firmada conjuntamente el 4 de febrero de 2019 por el papa Francisco, en nombre de los cristianos de Occidente y Oriente, y por el gran imán de Al-Azhar (Egipto), Ahmad al-Tayyeb, en nombre de los musulmanes orientales y occidentales. Y sin duda, el Dalai Lama u otras autoridades religiosas budistas, etc. pueden también adherirse a esta propuesta.

– El problema que surge hoy, de forma cada vez más acusada, es regular la convivencia no tanto entre religiones o culturas, que son predominantes en espacios diferentes, como entre las que conviven juntas en el mismo espacio. Obviamente, esto solo es posible si las religiones o culturas llamadas a coexistir reconocen que son incompletas, y aceptan conceder a los individuos la libertad de elegir sus creencias. Una libertad que las mismas autoridades religiosas proclaman: «La libertad es un derecho de todo individuo: todos disfrutamos de la libertad de creencia, pensamiento, expresión y acción. El pluralismo y la diversidad de religión, color, género, raza e idioma son una sabia disposición divina, mediante la cual Dios [o Alá, o...] ha creado a los seres humanos. [...] Por eso condenamos el obligar a las personas a abrazar una determinada religión o cultura, así como imponer también un estilo de civilización que otros no aceptan».[2] Impecable afirmación de aceptación de los principios democráticos.

– Pero sería una ilusión creer que dentro de una comunidad política dada, que se define por una cierta visión del futuro pero también por una determinada relación con su pasado, todas las tradiciones religiosas o culturales se encuentran el mismo estatus en sentido riguroso. Las tradiciones más antiguas, probablemente más extendidas y más estrechamente vinculadas a la identidad de dicha comunidad política, juegan de alguna manera el papel de anfitrión, mientras las otras son aquellas a las que el anfitrión ha dado acogida. El deber de una cultura de acogida es olvidarse en la medida de lo posible de que lo es, y no servirse de ello para prevalecer, algo que las culturas de acogida nunca deberían olvidar. Una comu-

---

2. Ídem.

nidad política convivialista es aquella que se abre a un máximo de diversidad cultural compatible con el mantenimiento de su unidad. Una unidad tan preciada que permite, precisamente, la manifestación no conflictiva de esta diversidad cultural.

Reequilibrar las relaciones hombre/mujer

Cada cultura define quién debe dar qué y a quién, recibir qué de quién, de qué manera, en qué ocasiones, etc. El primer sistema de intercambio, que rige las relaciones con la vida y la muerte, estipula lo que los hombres deben a las mujeres, y viceversa. Tradicionalmente, las mujeres daban y se debían a la vida, los hombres a la muerte. Casi universalmente, los hombres, prácticamente durante milenios han ejercido una dominación social y política sobre la mujer, más o menos compensada, dependiendo del caso (a veces bastante claramente, a menudo muy poco) por la dominación ejercida por las mujeres sobre el hogar doméstico, sobre los nacimientos y las defunciones. Casi siempre, lo que aportaban las mujeres en estas ocasiones no era reconocido como una contribución, sino percibido como hechos derivados de su propia naturaleza o como resultado de la obligación. En cualquier caso, este sistema patriarcal se ha vuelto cada vez más insoportable para las mujeres (y para muchos hombres) de los países democráticos más prósperos donde ya no tiene ninguna necesidad ni significación económica. El ideal de igualdad de derechos entre hombres y mujeres en todas las áreas se impone en la actualidad como algo evidente.

– Este ideal de igualdad estricta no se difundirá en todas partes fácilmente y al mismo ritmo, puesto que la cuestión sobre qué es lo que se deben recíprocamente ambos sexos es central en la diversidad cultural. En muchos países de tradición cultural patriarcal, las mujeres mismas eligen y continuarán eligiendo preservar parte de su papel tradicional para apoyar la lucha contra el imperialismo de Occidente cuando se despliega al amparo de los derechos del hombre... y de la mujer.

– Solo una democracia convertida en convivialista y, por lo tanto, pluriversal, no imperialista, podrá permitir ir más allá de este conflicto.

– Pero el sentido general de la evolución no es misterioso. Las autoridades religiosas ya citadas declaran también que: «Es absolutamente esencial reconocer el derecho de la mujer a la educación, al trabajo, al ejercicio de sus derechos políticos. Además, tenemos que trabajar para liberarla de las presiones históricas y sociales contrarias a los principios de su fe y su dignidad. [...] Para eso, hay que poner fin a todas las prácticas y costumbres inhumanas y a las costumbres que humillan la dignidad de la mujer y trabajar para modificar las leyes que impiden que las mujeres disfruten plenamente de sus derechos».

– Una vez que esta igualdad de derechos (y los medios para su ejercicio) se haya alcanzado plenamente, depende de cada uno o cada una decidir libremente qué es lo que para él para ella compete al sexo o al género, a la naturaleza o a la cultura, y lo que compete al otro sexo o al otro género.

¿Y los animales?

Otra revolución antropológica, que es probable que tenga consecuencias de largo alcance, está actualmente en marcha. Cada vez más y más mujeres y hombres, sensibles a la naturaleza o naturalidad común, rechazan el sufrimiento infligido a los animales y denuncian sus condiciones tanto de crianza como de sacrificio. De hecho, son insoportables. ¿Tenemos que aspirar a universalizar, convertir incluso en obligatorios el vegetarianismo, vegetalismo o veganismo? Este es un objetivo difícil de conseguir a corto o medio plazo —puesto que comer carne siempre se ha asociado con la condición humana. En cambio, desde una perspectiva convivialista, parece esencial tender a consumir solo animales criados en el marco de la crianza tradicional, en una relación de intercambio con los criadores (los primeros ofrecen sus vidas, los segundos su cuidado y, a menudo, su afecto) y habiendo disfrutado de libertad, de una vida al aire libre y de unas condiciones sanitarias y de sacrificio dignas. Por lo tanto, como prioridad debemos eliminar las gigantescas granjas industriales que tratan a los animales como si fueran solo materia, y son fuente de una enorme cantidad de contaminación. Y asegurar la trazabilidad de lo que comemos. En cualquier caso, es esencial reducir drásticamente el consumo de carne por parte de una humanidad que sigue creciendo, para incidir sobre las emisiones de metano, la cantidad de agua consumida, la destrucción de ecosistemas y la cantidad de tierra fértil dedicada a la producción de alimento para la ganadería.

VI. ¿QUÉ MUNDO POSTNEOLIBERAL?

Lo más difícil, para hacer posible ese gran viraje de la opinión pública mundial indispensable para cambiar la actual trayectoria que conduce prediciblemente al caos y el desastre, es proponer un conjunto de medidas políticas, económicas y sociales que permitan al mayor número posible de personas, y, sobre todo, a aquellos con menos recursos, hacerse una idea de lo que se puede ganar con un nuevo intercambio (un *New Deal*) convivialista, no solo a medio o largo plazo, sino de inmediato. Desde mañana. A esta pregunta no puede haber una respuesta aplicable de manera general. Depende demasiado del contexto específico, histórico, geográfico, cultural, político, etc., propio de cada país, región o conjunto supraregional o supranacional. Pero cualquier política convivialista concreta y aplicada deberá necesariamente tomar en cuenta lo siguiente:

– El imperativo de la justicia y la lucha contra la *hubris* que implica la reabsorción de las vertiginosas desigualdades que han explotado en todo el mundo entre los más ricos y el resto de la población desde la década de los setenta, y esto, gracias al establecimiento combinado de un ingreso mínimo, por un lado, y de un ingreso y patrimonio máximo por otro lado, a un ritmo más o menos rápido dependiendo de las circunstancias locales.

– La preocupación por dar vida a los territorios y localidades y por lo tanto para volver a territorializar y relocalizar lo que la globalización ha deslocalizado en demasía. No puede haber convivialismo más que en la apertura a los demás, (de acuerdo con el principio de humanidad común), cierto, pero también en un entre nosotros suficientemente sólido como para ser fuente de confianza y acogida (de acuerdo al principio de la socialidad común).

– La necesidad absoluta de preservar el medio ambiente y los recursos naturales (de acuerdo con el principio de naturalidad común). Satisfacer esta demanda debe dejar de verse como una carga o una obligación adicional, más bien, al contrario, como una preciosa oportunidad para descubrir nuevos estilos de vida, para encontrar nuevas fuentes de creatividad y revitalizar territorios.

– La obligación imperiosa de eliminar el desempleo y ofrecer a todas las personas (de acuerdo con el principio de individuación legítima) una función y un papel reconocidos entre las actividades útiles para la sociedad. El desarrollo de políticas de reterritorialización y lucha contra los desafíos medioambientales contribuirá en gran medida. Pero esta política de redistribución de empleos solo puede desarrollar todo su alcance y tener efectos claramente significativos cuando se combina con medidas de reducción del horario de trabajo y con una fuerte promoción de la implantación de la economía de tipo asociativo o comunitario. Del desarrollo de lo que llamamos hoy *lo común* o *los comunes*.

– La urgencia (de acuerdo con el principio de oposición constructiva) de hacer una distinción radical entre los usos de la inteligencia artificial que ayudan a aumentar la capacidad de acción para la mayoría y aquellos que, por el contrario, solo sirven para alimentar el deseo de omnipotencia, la *hubris* de unos pocos.

Tales objetivos son perfectamente alcanzables. Y requieren de la siguiente serie de medidas.

Medidas generales. Hacia una mayor justicia

Una sociedad convivialista lucha contra las desigualdades abusivas. Contribuye a la erradicación de los paraísos fiscales, declarando ilegal la creación de empresas pantalla y castigándola severamente. Establece un límite superior para los ingresos que una persona puede obtener de su trabajo comparado con otros empleados de la misma compañía. Nadie puede afirmar legítimamente que merece cien veces más (en salarios y acciones) que el salario más bajo de su empresa.

Para empezar, un proyecto político convivialista como mínimo, *mutadis mutandis*, y a título de ejemplo, debe combinar los tres tipos de medidas recomendadas en 2019 por los principales candidatos a la investidura del Partido Demócrata en los Estados Unidos:

– Alinear el impuesto sobre el capital (actualmente 23,8%) con el impuesto sobre el trabajo (37%) e imponer una tasa del 70% a los ingresos de más de 10 millones de dólares (recordemos: en 1944, la tasa impositiva marginal fue del 94%, y nuevamente 70% en 1965); gravar un 2% las fortunas superiores a 50 millones de dólares (y un 3% las que se sitúan por encima de los mil millones); gravar fiscalmente las herencias de más de 3,5 millones de dólares —en un 45% hasta 10 millones, 77% más allá de los mil millones. La combinación de estos tres tipos de medidas, relacionadas con los ingresos, el patrimonio y la herencia (que afectaría a 16.000, 75.000 y 8.000 hogares respectivamente), reportarían casi 4.000 millardos de dólares en diez años.[1] Transportado a la

---

1. El problema que plantea cualquier plan para aumentar el impuesto sobre los ingresos es que, si no se ejerce el control efectivo sobre la evasión de impuestos y la abolición de los paraísos fiscales, se corre el riesgo de que sean sobre todo estos últimos quiénes puedan beneficiarse y con ellos el crimen organizado. Para los estados a los que resulte imposible evitar

escala de un país como Francia, esto representaría, si todo lo demás se mantiene igual, la décima parte de esa suma, o sea 40 millardos al año.

– En el otro extremo, la miseria debe ser declarada fuera de la ley. La sociedad convivialista implementa un sistema tributario universal, simple y transparente para transferir automáticamente cierta cantidad de poder adquisitivo mínimo cada mes desde hogares bien insertados hacia los más frágiles. Este mecanismo fiscal —comúnmente llamado «renta universal»— debe ajustarse para que nunca sea un obstáculo a la participación de todos en la vida económica, a la inclusión a través del trabajo remunerado. La mirada convivialista hacia los más pobres debe ser de fraternidad incondicional, acompañada de un oído atento para escucharla y una mano tendida para recoger sus contribuciones específicas.

– Una sociedad convivialista no podría tolerar que una gran parte de la población se vea privada de cualquier tipo de trabajo mientras la otra sufre una sobrecarga permanente de trabajo, que genera ansiedad y agotamiento. El derecho a trabajar el tiempo deseado, que permite a todos decidir sobre el tiempo de su vida para hacer florecer su obra personal, implica una nueva relación con el tiempo.

– Para luchar contra el capitalismo del lucro y la especulación una sociedad convivialista introduce una restricción sobre el período mínimo de tenencia de acciones, siendo grabadas las plusvalías más fuertemente las plusvalías cuando la reventa es rápida. Como caso extremo, la reventa en el plazo de veinticuatro horas o menos implica

---

la evasión fiscal, lo mejor la política consistiría, sin duda, en reemplazar el impuesto sobre los ingresos por un impuesto sobre el patrimonio (un impuesto sobre los activos netos).

el gravamen sistemático del 100% de cualquier plusvalía de capital generada. Esto desalienta fuertemente los vaivenes que no responden a la lógica de inversión en proyectos realizados por empresas que se financian en el mercado de valores.

- Una de las mejores formas de luchar contra la evasión de impuestos, y especialmente el de las multinacionales, es que el impuesto sobre el beneficio consolidado se deduzca proporcionalmente de la facturación realizada en cada país.

- En los últimos cuarenta años, muchos países —casi todos, de hecho— estaban sujetos a la «ley del mercado» que los sumergió en un círculo vicioso tóxico. Sus estados, al gastar por encima de sus ingresos fiscales, tuvieron que pedir préstamos sujetos a condiciones como la exigencia de la reducción drástica de salarios, de las pensiones y del nivel de protección social o de salud, lo que llevó a una disminución de los ingresos fiscales y a una creciente incapacidad para pagar las deudas. Para amortizar, tuvieron que aumentar la deuda y pagar cada vez más intereses, lo que solo consiguió exacerbar el problema, enriqueciendo de nuevo a los más ricos. Frente a esta situación explosiva, es hora de considerar la condonación de la deuda, por ejemplo, siguiendo el modelo del jubileo propio del judaísmo antiguo.[2] O, como mínimo, organizar una «reestructuración» de la deuda a nivel mundial que permita a cada Estado pagar las deudas legítimas (aquellas que no fueron impuestas dentro de un equilibrio de fuerzas desigual) en función del aumento de su PIB.

---

2. Cada siete veces siete años, es decir, cada 50 años, las tierras enajenadas u ocupadas deben ser entregadas, las deudas devueltas y los esclavos liberados.

Una sociedad ecológicamente responsable

Frente a los desafíos y riesgos climáticos y energéticos, debemos poner nuestras miras en alcanzar, para 2040-2050 un objetivo triple cero»:[3]

- cero emisiones netas de gases de efecto invernadero («neutralidad de carbono»);
- cero consumo de combustibles fósiles (lo que implica el abandono de la producción de carbón, petróleo y gas fósil);
- cero residuos altamente tóxicos y de alto riesgo.[4]

Para esto, es necesario reemplazar las energías y materiales extraídos del subsuelo por energías y materiales provenientes del sol. La energía solar en todas sus formas, directas (fotovoltaicas, térmicas) o indirectas (eólica, hidroeléctrica, biomasa), debe reemplazar a las energías extractivas fósiles (carbón, petróleo, gas fósil) y de fisión (uranio). Y los «materiales solares» creados a través de la fotosíntesis de las plantas (materiales de base biológica) deben ser el principal recurso de nuestras construcciones y, de la misma manera, la industria petroquímica actual debe ser sustituida por otra carbo-bioquímica para la fabricación de todos nuestros objetos actuales.

Esta doble sustitución (energía y materiales) del subsuelo por el sol solo es posible en el marco de una política energética basada en el uso justo, compartido y sin despilfarro (la

---

3. Tal objetivo puede parecer muy ambicioso, incluso utópico. Sin embargo, está respaldado por cálculos muy precisos y detallados realizados por la asociación négaWatt, el grupo de expertos más reconocido en Francia, al menos por la izquierda.

4. La mayoría de los firmantes de este manifiesto están a favor de una rápida desnuclearización, pero una minoría significativa considera que, dada la prioridad de la lucha contra el cambio climético y la complejidad técnica del problema energético, el debate debe permanecer abierto. Lo mismo se aplica a las posibilidades que ha abierto el hidrógeno.

sobriedad), y con reduccción de pérdidas de energía a todos niveles. Será imposible construir una sociedad ecológicamente responsable sin repensar y remodelar profundamente el estatus de las empresas, sus responsabilidades y su gobernanza. Por supuesto, es esencial establecer un mejor reparto de poder entre empleados y accionistas. Pero esto no será suficiente para garantizar que las empresas respetarán los derechos humanos fundamentales, reducirán las desigualdades, protegerán el medio ambiente y la biodiversidad, y lucharán de manera solidaria y activa contra la emergencia climática. Hay que actuar desde la raíz, modificando el derecho de sociedades que constituye desde hace doscientos años la base legal de las empresas. Ya están emergiendo nuevos tipos de empresas en los Estados Unidos. Una ley francesa reciente inscribe en la actualidad la responsabilidad social y medio ambiental en la definición misma de gestión de las compañías. También permite que las empresas se doten como objetivo, más allá de la obtención de beneficios, llevar a cabo una misión social y ambiental, cuya sinceridad y buena ejecución debe controlar el Estado. Hemos de intentar de esta manera que las excepciones, que ahora sabemos posibles, se conviertan en la norma general.

Postcrecimiento y desmercantilización

Una sociedad convivialista necesariamente ha de ser postcrecentista. Lo que se traduce en marcarse como objetivo una prosperidad que no esté sujeta únicamente al incremento sin límites del PIB. La clave para tal prosperidad del postcrecimiento estriba en la *desmercantilización*. Por desmercantilización, deben entenderse todas las formas de satisfacer mejor las necesidades con menos bienes y menos dinero.

Incluye muchas prácticas más o menos recientes este sentido: la economía social y solidaria, la producción colaborativa (de Wikipedia a Fab Labs), las plataformas de intercambio y consumo colaborativo (bancos de tiempo, redes de intercambio recíproco, SEL, etc.), economía funcional (como en el modelo bicing), economía circular (reutilización, reciclaje, etc.). Todas estas fórmulas descansan sobre combinaciones inéditas de recursos no comerciales y no monetarios. Van en la dirección de una economía convivialista cuando prevalece la motivación no monetaria sobre motivaciones monetarias y comerciales, como en el caso de los intercambios gratuitos o *peer-to-peer*, de autoproducción y mutualización de bienes, justo a la inversa de lo que pueden ofrecer empresas como Uber o Airbnb, que, bajo la apariencia de una economía compartida, extraen provecho a un cierto concepto de gratuidad solo para aumentar más sus ganancias.

Entre las medidas para alentar a facilitar la desmercantilización, podemos citar:

– Extender la vida útil de los productos a través de la prohibición de la obsolescencia programada y la imposición de normativa técnica reguladora para facilitar la reparabilidad.

– Reducir las necesidades monetarias de los hogares, y en particular de los hogares con bajos ingresos, gracias a medidas tales como: la tarificación progresiva de precios del agua y la electricidad, la organización de transporte y servicios colectivos que hagan posible la vida sin un automóvil o faciliten el uso compartido del coche; el suministro gratuito de información concerniente al costo real de uso de los bienes y la manera de reducir gastos, etc.

– La limitación drástica de la publicidad (como mínimo, la prohibición de las formas más intrusivas de publicidad no solicitada, en los hogares o en internet).

– Una política de planificación/reducción de horarios diseñada para facilitar la pluralización de la actividad, incluyendo el objetivo explícito de dar a las personas más tiempo para participar en la vida social y en la producción de bienes comunes no monetarios.

– Una orientación sistemática de la política pública de compras a favor de la innovación ecológica y social (normas eco-socio-concepción en licitaciones, etc.).

– Una estrategia de desmercantilización tendrá necesariamente un impacto negativo en el desarrollo del sector mercantil, y por lo tanto sobre los ingresos fiscales y medios de acción del Estado. Se pueden explorar varias vías para enfrentar este desafío. Una de los más mencionadas es el pluralismo monetario, por ejemplo en forma de moneda no convertible o solo parcialmente convertible a moneda extranjera, emitida por el Estado —para financiar bienes y servicios esenciales y comercio local. En la lógica sistémica que subyace a la idea de desmercantilización, la respuesta más creativa, sin embargo, sería desmonetarizar la acción pública misma organizando la participación voluntaria a gran escala de los ciudadanos en el funcionamiento de los servicios públicos y la producción de bienes colectivos, lo que implica imaginar formas de colaboración innovadora entre las administraciones y la población. El establecimiento de una «reserva ciudadana» en educación nacional, por ejemplo, muestra que no es ninguna utopía.

Desglobalización

Una sociedad convivialista del postcrecimiento conllevará necesariamente un proceso de desglobalización y relocalización de la economía.

– A nivel internacional, la globalización neoliberal sitúa a los sistemas sociales y ecológicos en competencia, particularmente en el área de impuestos y derechos humanos, que privilegia siempre los presupuestos más bajos en lo social, lo fiscal, lo ecológico, y en la protección de los derechos. Las empresas convivialistas rechazarán los acuerdos de liberalización del comercio impuesto por las multinacionales y los reemplazará por acuerdos de cooperación internacional.

– Estos, inspirados en un *principio de subsidiariedad económica* y la preocupación por la ecología, deberían permitir a todos los países satisfacer una proporción significativa de sus necesidades mediante la producción local, mientras hoy cada uno produce, exporta e importa los mismos bienes, lo que aumenta el volumen de bienes transportados y su huella de carbono. En ausencia de una regulación negociada, los *impuestos por kilómetro recorrido* pueden garantizar la reducción de estos flujos «inútiles» y ecológicamente costosos entre países in-dustrializados.

– A nivel local, las comunidades de vida o de las de gene-ración de empleo no precisan realizar los intercambios en una moneda internacional, ni incluso en una moneda nacional. Estos se pueden realizar a través de *sistemas de cambio local con monedas complementarias.* Existen muchas experiencias de este tipo en Francia, Europa y alrededor del mundo. Estas permiten revitalizar la de-mocracia desde abajo y crear vínculos y mutualización.

– Según esta misma lógica de relocalización, es necesario y posible (re)conquistar la *soberanía industrial de base y una soberanía alimentaria.* Esta soberanía alimentaria podría organizarse, por ejemplo, sobre el modelo francés de asociaciones para el mantenimiento de la agricultura campesina (AMAP) que pone en contacto directo y de forma permanente a consumidores con agricultores y ganaderos, así como a fabricantes de queso, panaderos tradicionales, arboricultores, etc.

En Europa, se ha instaurado una fragilidad adicional respecto a la de otras regiones del mundo, y viene derivada de la aceleración irreflexiva de la integración económica y monetariaque no ha ido aparejada a una integración política y social. Esta desincronización tiene como resultado dejar muchos países del conjunto europeo en un estado insoportable de desamparo y angustia. Sea cual sea la solución adoptada, debe tener como objetivo irrenunciable conjugar de nuevo, de una forma u otra: soberanía monetaria, soberanía política y social.

Dominar la *hubris* de las tecnociencias

La contracultura estadounidense de la década de los sesenta esperaba que con el ordenador personal dispondríamos de los medios para evitar el centralismo de los poderes del Estado y establecer comunicaciones informadas entre comunidades liberadas. Que, gracias a él, nos daríamos cuenta de los valores del convivialismo en oposición al mundo del consumo desenfrenado. Sin embargo las utopías tecnológicas se han cambiado de bando. Han sido confiscadas por las finanzas y la industria. Los sueños que acompañaron a los visionarios que crecieron en comunidades hippies, o en su entorno, se han quedado cortos. Las megamáquinas han tomado el poder y el mundo digital es ahora acaparado por los GAFAM de California[5] o los BATX chinos. Han colonizado los imaginarios y hoy compiten para dar crédito a las fantasías transhumanistas. La inteligencia artificial se ha convertido así en el emblema de una sociedad cuyo funcionamiento se confía por completo a algoritmos y que podría estrangular las libertades, con el pretexto de garantizar la seguridad o extender indefinidamente

---

5. Nota ed.: GAFAM se refiere a las mayores empresas multinacionales en tecnología de la información y sus siglas significa Google, Aple, Facebook-Meta, Amazon y Microsoft.

la supervivencia biológica. De los valores del convivialismo no queda casi nada en el universo de las tecnociencias. El humano es tan poco tenido en cuenta por las utopías tecnológicas que pronto se anunciará como superfluo: superfluo en el mundo de trabajo donde la mayoría de las actividades pronto serán automatizadas y ejercidas por robots; superfluo en la vida social cuyo control neutralizará todas las iniciativas emancipatorias; superfluo en la prospectiva médica donde ya se empieza a imponer el ideal de un humano aumentado (digamos un posthumano); superfluo en el mundo del derecho que ahora se esfuerza por otorgar personalidad jurídica a las máquinas llamadas «inteligentes».

Es urgente resistir y comprender. Resistir al entusiasmo tecnológico, a la fascinación innovadora, a las supuestas facilidades de una sociedad líquida. Entender la lógica de los dispositivos que se nos presentan como ineludibles: aquellos que se articulan bajo el acrónimo NBIC[6] y que se presentan como la hoja de ruta obligada de las políticas de investigación modernas. Entender también la ambivalencia de las biotecnologías que anuncian la era de la salud perfecta (cuando no la inmortalidad) tanto como la fusión del humano con el robot (el cyborg). Las «tijeras moleculares» CRISPR-Cas09 revelan esta ambivalencia: prometen terapias genéticas («reparación») al tiempo que estimulan a las empresas de eugenesia («modificación»). ¿No están ya los chinos considerando el identificar, gracias a ellas, los genes asociados a los mejores coeficientes intelectuales para copiarlos e importarlos en células germinales o embriones de los que nacerían poblaciones superdotadas? El convivialismo no puede minimizar la dimensión de derrota moral y alienación que hipotecan las ciencias y técnicas

---

6. Designa un campo científico multidisciplinario que se sitúa en la confluencia de las nanotecnologías (N), biotecnologías (B), tecnologías de la información (I) y ciencia cognitiva (C).

contemporáneas: instrumentalización y mercantilización de los cuerpos, control y reducción de comportamientos a lo elemental, solo accesible a máquinas, constricción de la esfera de la vida privada... Sin duda nos traen una buena cantidad de facilidades inmediatas, pero todas estas facilidades, tomadas en conjunto, configuran un tipo de sociedad que no es la que queremos. Por lo tanto, es imperativo regular las decisiones de interés general y sustraerlas al poder de estos ingenieros, doctores, abogados o políticos que dicen preparar un futuro que ya no tendrá el rostro humano. La regulación está necesitada de instancias deliberativas dotadas del poder de intervenir con anticipación sobre la programación de la investigación tecnocientífica, capaz de imponer y organizar una información y un debate público, basado en interactuar con estructuras consultivas. Estas instancias emergerán de la apropiación por parte de los ciudadanos del conocimiento y las condiciones para la evaluación ética de las innovaciones orientadas por la preocupación por un mayor bienestar y no ya por el enriquecimiento de las esferas industriales y financieras.

CONCLUSIÓN

Construir una sociedad convivial y universalizable, cuyo objetivo sea garantizar la prosperidad, la dignidad y el bienestar de todos, que sea suficiente sin esperar un crecimiento constante, ya hoy imposible y peligroso, y, para ello, luchar contra todas las formas de de ilimitación y exceso, es una apuesta considerable. La tarea parece tanto más ardua y arriesgada puesto que, para tener éxito, será necesario enfrentarse a poderes descomunales y amenazantes, tanto financieros como materiales, técnicos, científicos o intelectuales, así como militares o criminales.

Contra estos poderes colosales y a menudo invisibles o ilocalizables, las dos armas principales serán de partida:

– La *indignación* ante la desmesura y la corrupción y la *vergüenza* que es necesario hacer caer sobre aquellos que, directa o indirectamente, activa o pasivamente, violan los principios de naturalidad común, de humanidad común y sociabilidad común. Las prácticas de *name and shame* (nombra y avergüenza) y las llamadas al boicot pueden ser muy efectivas si están bien coordinadas y dirigidas en nombre de una ideología coherente y en sí misma irreprochable. Piensa, por ejemplo, en el impacto de #MeToo.

– *El sentimiento de pertenencia a una comunidad humana mundial.* Pasar de ser millones, a decenas y centenas de millones, y gradualmente, miles de millones de personas, de todos los países, de todos los idiomas, de todas las culturas y religiones, de todas las condiciones sociales, que participan en la misma lucha por un mundo completamente humanizado. Para ello será necesario que puedan compartir un símbolo común que los defina tanto por la lucha por la preservación de su entorno natural y como contra la corrupción y el despilfarro. La palabra «convivialismo» quiere ser ese símbolo. Esta palabra misma se desvanecerá si aparece un símbolo más poderoso y más significativo.

Sobre esta base, a aquellos que se reconocen en los principios del convivialismo les será posible influir radicalmente sobre las tácticas políticas instituidas y desplegar toda su creatividad para desarrollar otras formas de vivir, producir, jugar, amar, pensar y enseñar, que ya se están buscando. Convivialmente, gracias a acciones no violentas. Rivalizando sin odio o destrucción. Restaurando la confianza en el futuro entre los y las que lo habían perdido hace mucho tiempo. Promoviendo a la vez la reterritorialización y la relocalización, y la apertura al asociacionismo de la sociedad civil mundial. Todo ello ha empezado ya a edificarse bajo múltiples formas, especialmente a través de las diversas facetas de la economía social y solidaria o de la comunalización de bienes, a través de todas las formas de democracia participativa o directa, en la experiencia de foros sociales mundiales, etc.

Internet, las nuevas tecnologías y la ciencia se deben poner al servicio de la construcción de esta sociedad civil al mismo tiempo local y mundial. A la vez firmemente arraigada y abierta a la alteridad.

Emerge así un nuevo progresismo, liberado del economicismo tanto como del cientificismo y de la idea heredada de que más y más siempre significa necesariamente mejor.

Pero, obviamente, no se construye una sociedad convivialista ella sola, sin conflictos múltiples, por el simple efecto de la buena voluntad de una humanidad finalmente convertida a estos buenos sentimientos. No será fácil decidir colectivamente para autolimitarnos, sobre todo en el aspecto económico. La tentación de la *hubris* no es prerrogativa de los más ricos y poderosos. Está presente en todos los humanos, activa o potencialmente. En una sociedad convivialista, no podemos decir que está «prohibido prohibir». Para que todos puedan mostrar su deseo de ser reconocidos ejercitándolo en actividades prosociales, en interés del bien común, se necesitará instituir un nuevo conjunto de normas, comenzando con aquellas que prohíben la búsqueda del beneficio propio y, por lo tanto, la riqueza extrema que conlleva, la riqueza que se acumula por la *hubris* con la negación de la naturalidad común, de la humanidad común y de la socialidad común.

Como la norma social actualmente dominante, por el contrario, se basa en la codicia, el culto al yo y la indiferencia por la suerte de los demás, el establecimiento de nuevas normas convivialistas generará necesariamente muchas nuevas formas de delincuencia que se agregarán a las que ya existen. No podemos, por lo tanto, dejar de preguntarnos sobre el tipo de represión y formas de castigo a adoptar. La regla general será la de la justicia restaurativa (es decir, de la confrontación ordenada y cara a cara entre los delincuentes y sus víctimas) y las penas por encarcelamiento no irán destinadas a destruir la subjetividad, como ocurre en la mayoría de los sistemas penitenciarios existentes, sino a permitir, por el contrario, un verdadero trabajo de individuación.

En términos más generales, una sociedad convivialista será una sociedad reflexiva y educativa. No podrá instituirse, ni durar si no dota, a los individuos y a los grupos, de medios para comprender mejor lo que los motiva y dominar las oposiciones que resultan de la búsqueda del reconocimiento que a todas las personas nos impulsa. Finalmente, será también reparadora. Tendrá que restaurar la confianza en sí mismo y la seguridad emocional de todos aquellos cuyas vidas han sido desbaratadas por las crisis económicas, por los aislamiento y la soledad que el modo de vida neoliberal induce, por la miseria o las masacres que los llevaron a emigrar, etc. Habrá, además, en estas tareas de cuidado, un filón de trabajos potenciales que probablemente no serán destronados por la inteligencia artificial.

Pero, incluso antes de cualquier enfoque educativo, el convivialismo apuesta por la movilización de los afectos y pasiones. Nada se hace sin ellos. Tanto lo peor como lo mejor. La peor parte es suscitar el llamamiento al asesinato, que alimenta las pasiones totalitarias, sectarias y fundamentalistas. La mejor es el deseo de construir a nivel mundial y local sociedades genuinamente democráticas, civilizadas y conviviales. La aspiración a cumplir todas las promesas del presente que tenemos que hace tangible y que lleguen a toda la población.

Para simbolizar y encarnar la unidad del convivialismo, para pronunciarse con autoridad y tener impacto y cobertura mediática suficiente en múltiples temas de urgente resolución, sería aconsejable crear rápidamente un esbozo de Asamblea Mundial de la comunidad humana que incluya representantes del mundo asociativo de la sociedad civil, de la filosofía, de las llamadas ciencias «exactas», de las ciencias humanas y sociales y de las diferentes corrientes éticas, espirituales y religiosas que se reconocen en los principios del convivialismo.

A corto plazo, el convivialismo debe resolver dos dificultades principales, ambas relacionadas con un hecho que parece que emana de reflexiones más o menos abstractas, sin control directo sobre las necesidades económicas inmediatas de todas y cada una de las personas, así como de las realidades de la política.

Innovar económicamente

Sobre el primer punto, el convivialismo se enfrenta, aparentemente, con el mismo problema que todas las partidos que se reclaman defensores de la ecología (y que son cada vez más numerosos, al menos de palabra), aunque realmente no se comprometen con los cambios necesarios para llevarla a cabo. Porque, ¿cómo defender verdaderamente el planeta y salvar el medio ambiente sin destruir algunas profesiones que deben eliminarse, como las de las actividades económicas contaminantes o nocivas? ¿Cómo conciliar el miedo al fin del mundo y la preocupación por llegar a fin de mes? Para convencer, no es suficiente hablar con los estratos sociales más educados o sus hijos, sectores que ya son conscientes de la necesidad de luchar contra calentamiento global. Debemos dirigirnos a toda la población: chalecos amarillos, trabajadores sindicalizados o no, habitantes de las ciudades en paro…

Una parte de la respuesta es la siguiente. El objetivo del convivialismo es definir los contornos de una sociedad viable, incluso sin crecimiento del PIB, es decir, incluso si el PIB y el poder adquisitivo monetario deben estancarse, ya sea por razones ecológicas o por razones económicas (el «estancamiento secular» diagnosticado por algunos economistas), o incluso después de una crisis financiera de gran magnitud. Hemos demostrado que esto es posible, ya que una parte importante de las necesidades puede ser satisfecha de una manera no mercantil, a través de relaciones directas entre productores y consumidores: mediante desmercantilización, desglobalización y relocalización.

Pero tampoco deberíamos privarnos de recursos actualmente poco movilizados. Hemos comprobado cómo el conjunto de propuestas sobre el patrimonio y la herencia, que afectaría tan solo a las rentas más altas, formulada por algunos candidatos demócratas a la investidura para las elecciones presidenciales de Estados Unidos, aportaba del orden de 400 millardos de dólares al año. Ocurriría lo mismo en muchos otros países. En Francia, unas medidas similares, combinadas con una lucha más efectiva contra los paraísos fiscales y un gravamen sobre algunas multinacionales (especialmente GAFAM), sobre los ingresos obtenidos en cada país – produciría unos 50 millardos de euros al año, lo mismo en todas partes. Suficiente para financiar una renta universal[1] real que permitiría, por ejemplo, a los agricultores o los comerciantes que aman su trabajo pero están constantemente al borde de la bancarrota (y el suicidio) desarrollar su trabajo sin la restricción de buscar una fuente exclusiva para sus ingresos. Suficiente también para comenzar la transición ecológica esencial eliminando las fugas térmicas existentes y para remediar la situación de miseria de hospitales o prisiones, etc.

Esta magnitud nos proporciona una idea del margen de maniobra del que dispondríamos, si los más ricos ya no contaran con la capacidad de evadirse del deber de solidaridad relacionado con los tres principios: naturalidad común, humanidad común y socialidad común. Sin embargo, es primordial efectuar dos aclaraciones. Por un lado, es evidente que el convivialismo no se llevara a cabo tan solo en un país aislado del resto del mundo. Si la riqueza gravada en un país puede rápidamente encontrar refugio en otra parte, sería difícil avanzar. Por eso es vital que los principios del convivialismo —bajo este nombre o bajo cualquier otro, poco importa— pueda generar una oleada de opinión pública mundial. Por otra parte, no es especialmente importante creer o no creer en ello, puesto que al recuperar un cierto margen de maniobra

---

1. Unos 500 euros por mes y por adulto, al que se acumulen ciertos beneficios sociales que se mantendrían (por ejemplo, el APL, *Aide Personnalisée au Logement* (Ayuda Personalizada a la Vivienda) el presupuesto neto de esta renta universal en Francia ascendería a 40 millardos de euros por año.

financiera, todo podría recomenzar como antes, sin cambiar en nada nuestros estilos de vida. En pocas palabras, debemos razonar partiendo de un espíritu completamente diferente al del keynesianismo estatal (que cree que todo se puede arreglar relanzando el crecimiento del PIB a través del gasto público) y abandonar la ilusión de un «crecimiento verde», que solo sería una nueva variante de la eterna carrera por la riqueza, donde la apuesta ecológica, de hecho, solo es un pretexto.

Innovar políticamente

Y qué plantea la cuestión del posicionamiento político del convivialismo. Está claro que el convivialismo no podrá imponerse sin entrar, en un momento u otro y de una forma u otra, en el campo de juego político institucional. Y esta es otra contradicción a resolver. El convivialismo sitúa en una posición predominante de poder a la sociedad civil o, mejor dicho, a la sociedad cívica, o en otras palabras, a todas las personas que se movilizan preocupándose por el bien común. Pero estas personas, por lo general, desconfían de la política y de los políticos (que con mayor frecuencia los ignoran, excepto en el momento de las elecciones). No se niegan necesariamente a hacer política, siempre que la puedan hacer «de otra manera», prescindiendo de mujeres u hombres profesionales de la política. Este rechazo es precisamente lo que los condena a la dispersión de sus fuerzas, a una marcada invisibilidad y, en última instancia, a una gran impotencia frente al Mercado o al Estado.

¿Qué hacer? En el futuro inmediato, y en particular con ocasión de las elecciones locales, sugerir a políticos profesionales o paraprofesionales que se manifiesten dando apoyo al contenido de este segundo *Manifiesto convivialista* y que lo reclamen.

Después de todo, el convivialismo no pertenece a nadie y su fuerza proviene precisamente del hecho de que une a personas de horizontes políticos e ideológicos muy diversos. De momento, por lo tanto, solo podemos aspirar a recuperalos. Si algunos actuaran de manera incorrecta, sería bastante fácil denunciarlo.

Pero el convivialismo solo puede realizar una verdadera irrupción en política si los valores que conlleva y las soluciones que ofrece son ampliamente compartidos. ¿Cómo hacer que lo sean y cómo saberlo y darlo a conocer? Mucha gente que apuesta ya por el convivialismo se pregunta cómo podrían contribuir a su difusión. Y, precisamente porque el convivialismo no es una organización y menos un partido político, no se puede proponer fácilmente la adhesión.

Llegados a este punto, hay dos formas de actuar. La primera, al menos en Francia (pero también en Alemania),[2] es discutir y enriquecer este segundo *Manifiesto convivialista* dando a conocer experiencias o análisis inéditos. Las páginas web www.convivialismo.org y www.lesconvivialistes.org se han creado para ello. Pero el medio más simple y efectivo para hacer visible la adhesión a los valores y los análisis convivialistas es que todos aquellos que los proclaman lleven, allí donde viven y trabajan, una insignia que simbolice estas esperanzas comunes. Tal insignia ya existe en Francia. Lleva las letras AH!, que puede significar, por ejemplo, Avanzar en Humanidad, Anti-*Hubris*, Alter-Humanismo, *Anti-haine* (Anti-odio),etc. Cada uno es libre de elegir el significado que más le convenga, lo que demuestra perfectamente que las formas de convivialismo son plurales, que el convivialismo no es un dogma sino un camino[3]. Y esperanza, en un mundo donde tanta falta hace.

Nuestra esperanza es que si los portadores de esta insignia, o de la que más adelante la reemplace, son cada vez más numerosos, podrán reconocerse mutuamente y entrar en

---

2. www.diekonvivilisten.de.

3. Las razones de esta insignia y los medios para obtenerla se exponen en la página ah-ensemble.org.

discusión, allí donde vivan o trabajen, en el hospital, en la escuela, la prisión, el instituto de secundaria, la agricultura, la empresa, la mutua, el sindicato, etc. Podrán comenzar a dibujar los contornos de los lugares de trabajo o de vida más conviviales. Es, así, como de esta manera surgirá una sociedad postneoliberal.

Entonces, quizás, tendremos que empezar a pensar en la creación de una organización, incluso una organización política convivialista. ¿En forma de archipiélago?[4] Puede ser. ¿Quién no ve que los partidos políticos cada vez son más incapaces de interpelar a la mayoría de los ciudadanos formulando esperanzas creíbles? Ahora solo prosperan aquellos que dan voz a la angustia, al odio y al resentimiento, al movilizarlos contra chivos expiatorios. Todos sugieren que solo si vuelve el crecimiento (y se presentan como la mejor opción para contribuir a ello) y se eliminan los chivos expiatorios, se resolverán todos los problema. Estarás de acuerdo en que no es demasiado estimulante. No es de extrañar que, bajo estas condiciones, cada vez más votantes se abstengan y que cada vez más, especialmente entre los jóvenes, cunda el descredito de la democracia y de las instituciones. Simplemente, es que ya no creen en el futuro.

Entonces sí sería más que bienvenida una forma u otra de partido convivialista, que hiciese renacer la esperanza mostrando el nuevo tipo de sociedad que en realidad es posible construir. Pero no es a la intelectualidad que ha ayudado a escribir este manifiesto a la que compete embarcarse en esta indispensable empresa política. Esta no es su tarea. Es, especialmente la juventud, las personas de menor edad , a quienes compete tomar el relevo. Discutámoslo todas juntas. Es su futuro el que tienen que construir, y nadie lo hará en su lugar.

---

4. Tal y como propone y pone en práctica en Francia, la red *Osons les jours heureux* (atrevámonos con los días felices).

LOS FIRMANTES

¿Por qué estos firmantes y no otros? ¿Por qué no los miles o decenas de miles de otras personalidades potencialmente deseosos de unirse a la lista que podrían haber sido o que son igualmente susceptibles de estar en ella? ¿Y por qué, además, limitarse a aquellos y aquellos que pueden considerarse «personalidades»?

La respuesta a esta segunda pregunta es simple: deseamos ardientemente que millones o decenas de millones personas puedan reconocerse en gran medida en el convivialismo y contribuir a él, pero hay que comenzar por alguna parte. Para tener la oportunidad de echar a rodar la bola de nieve, es importante que los primeros firmantes sean suficientemente conocidos y respetados. Pero no se trata de conformarse con eso. Por lo tanto, invitamos a todos aquellos que, al menos en Francia, así lo deseen, a mostrar su apoyo a la convivencia en el sitio www.convivialisme.org, como ya se hacía en el caso del primer *Manifiesto convivialista* en la página www.lesconvivialistes.org. Esto permitirá, como mínimo, hacer circular la información sobre posibles iniciativas futuras.

Y, volviendo a la primera pregunta, ¿por qué estos firmantes y no otros? De nuevo por conveniencia. Porque no era posible avanzar más allá sino era contando con aquellos con quienes los firmantes del primer manifiesto ya mantenían contacto tanto en Francia como en el resto del mundo. Comenzando con otras personas, seguramente se habrían formado otras redes diferentes y muy posiblemente se hubieran superpuesto en parte con las que aparecen aquí. Sin duda, la lista de firmantes de este segundo manifiesto tiene una consistencia real. Vienen de treinta y tres países diferentes, lo que nos permite hablar de una internacional del convivialismo, aunque no tenga una materialización organizacional o institucional y por lo tanto, sea completamente informal.

¿Cómo surgió este segundo manifiesto? Una versión inicial, retomando elementos del primer manifiesto, fue redactada por Alain Caillé. Muy pronto se hizo una primera traducción al inglés, lo que permitió alimentar una auténtica discusión internacional. A ella se han integrado docenas de contribuciones o propuestas, adiciones, sustracciones o modificaciones. Algunas afectaban a dos o tres palabras, o a unas pocas líneas, otras a párrafos enteros. Muchos firmantes se han contentado con indicar su acuerdo, pero al fin y al cabo, se ha conseguido un texto realmente plural e internacional.

El lector encontrará a continuación los nombres de los firmantes y una rápida presentación de quiénes son y qué hacen. Muchos de ellos han escrito una considerable cantidad de libros. Para no alargar demasiado esta presentación, solo uno se menciona.

TETSUO ABO (Japón), profesor honorario del Instituto de ciencias sociales, Universidad de Tokio, director del grupo de investigación en gestión JMNESG. *The Hybrid Factory. The Japanese Production System in the United States*, Oxford University Press, 1994.

DARON ACEMOGLU (Turquía, EEUU), profesor de economía en el Massachusetts Institute of Technology (MIT), titular de la cátedra Charles P. Kindleberger, medalla John-Bates-Clark en 2005. *Why Nations Fail* (con J. A. Robinson), Crown Publishers, 2012.

JEAN-PHILIPPE ACENSI (Francia), delegado general de la Agencia para la educación y el deporte (APELS), presidente del movimiento ciudadano Bleu, Blanc, Zèbre.

ALBERTO ACOSTA (Ecuador), economista y militante ecuatoriano, ex-presidente constituyente de Ecuador. *El Buen Vivir*, Icaria, 2013.

MICHEL ADAM, ingeniero y sociólogo, militante asociacionista, presidente del Centro de Estudios Europeo Jean Monnet de Cognac. *L'Asociación, image de la société*, L'Harmattan, 2008.

FRANK ADLOFF (Alemania), profesor de sociología, de la Universidad de Hamburgo. *Politik der Gabe. Für ein anderes Zusammenleben*, Nautilus, 2018.

THAIS AGUIAR (Brasil), profesor de ciencias políticas de la Universidad federal de Río de Janeiro. *Demofobia e demofilia. Dilemas da democratização*, Azougue Editorial, 2015.

CHRISTOPHE AGUITON, profesor asociado en sociología de la web de la Universidad de Paris-Est Marne-la-Vallée, creador de Agir ensemble contre le chômage ! (actuar juntos contra el desempleo) y cofundador de Attac. *La Gauche duXXIe siècle, enquête sur une refondation*, La Découverte, 2017.

SHOKI ALI SAID (Etiopía), presidente de la asociación Franco-Etiope Corne de l'Afrique, copresidente de la asociación Dialogues en humanité.

CENGIZ AKTAR (Turquía), economista, politólogo y periodista, profesor emérito de la facultad ciencias económicas y administrativas de Bahçeşehir (Estambul), iniciador de la petición de perdón de los turcos a los Armenios. *L'Appel au pardon. Des Turcs s'adressent aux Arméniens*, CNRS Éditions, 2010.

CLAUDE ALPHANDERY, resistente, presidente de honor del Labo de l'École sociale y solidaire y de France active, presidente honorario del Consejo Nacional de la inserción mediante la actividad económica y del Consejo Superior de economía social y solidaria. *Une famille engagée. Secretsy transmission*, OdileAleman Jacob, 2015.

HIROKO AMEMIYA (Japón, Francia), antropólogo, profesor de Econferencias honorario en lengua y civilización japonesa de la

Universidad Rennes-2, especialista en circuitos de proximidad campesinos-ciudadanos. *Del Teikei aux Amap*, Presses universitaires de Rennes, 2012.

GENEVIEVE ANCEL, cofundadora y coordinadora de la red mundial de los Diálogos sobre humanidad, administradora territorial de la Metrópolis de Lyon.

CATHERINE ANDRE, periodista, cofundadora y redactora jefa del sitio multilingüe Vox Europ y redactora jefa adjunta de *Alternatives économiques*.

KATHYA ARAUJO (Perú), socióloga y psicoanalista, profesora del Instituto de estudios avanzados de la universidad de Santiago de Chile. *El miedo a los subordinados. Una teoría de la autoridad*, Lom, 2016.

MARGARET ARCHER (Reino Unido), profesora emérita de sociología de la Universidad de Warwick (GB), teórica del realismo crítica, primera presidenta (1960) de la Asociación internacional de sociología, miembro fundador de la Academia pontificia de las ciencias sociales. *Le Réalisme critique. Une nouvelle ontologie pour la sociologie* (con F. Vandenberghe), Le Bord de l'eau, 2019.

MARCOS ARRUDA (Brasil), economista y pedagogo, director de Políticas alternativas para o Cone Sul (Río de Janeiro), instituto perteneciente a la red IPAM (Initiatives pour un autre monde) (Iniciativas por otro mundo). *A formação de ser humano integral. Homo evolutivo, práxis e economia solidária*, PACS/Editoria Vozes, 2003.

RIGAS ARVANITIS (Grecia, Francia), sociólogo, director del Centro población y desarrollo (Ceped, IRD), trabaja para la constitución de comunidades científicas de los países del Sur y las políticas de investigación e innovación. *Knowledge Production in the Arab World. The Impossible Promise* (con Sari Hanafi), Routledge, 2015.

ASH AMIN (Reino Unido), titular de la cátedra 1931 del departamento geografía de la Universidad de Cambridge. *Seeing Like a City* (con Nigel Thrift), Polity Press, 2016.

GENEVIEVE AZAM, economista, ensayista, miembro del consejo científico de Attac y del comité de redacción de la *Revue des livres, des idées et des écologies*, Terrestres (terrestres.org). *Lettre de la Terre.et la Terre répond*, Seuil, 2019.

LAURENCE BARANSKI, encargado de Docencia de la Universidad Paris-2 Panthéon-Assas, coach, asesor especialista de procesos de cambio individual y colectivo, implicado en dinámicas ciudadanas. *Le Coming out spirituel*, Exergue, 2017.

MARC DE BASQUIAT, ingeniero y economista, fundador de StepLine, presidente de l'Association pour l'instauration d'un revenu d'existence (AIRE) (Asociación para la instauración de un mínimo vital).

PHILIPPE BATIFOULIER, profesor de ciencias económicas de la Universidad Paris-13, director del Centro de economía de la Universidad Paris-Nord (CEPN, UMR CNRS 7234). *Capital santé. Quand le patient devient client*, La Découverte, 2014.

JEAN BAUBÉROT, profesor honorario de l'École pratique des hautes études («Histoire y sociologie de la laïcité»). *La Loi de 1905 n'aura pas lieu*, Maison des sciences de l'homme, 2019.

MICHEL BAUWENS (Bélgica), teórico de los comunes, fundador de la Fundación P2P (Peer-to-Peer). *Manifeste pour une véritable économie collaborative. Vers une société des communs* (con Vasilis Kostakis), Charles Léopold Mayer, 2017.

MARCEL BENABOU, historiador y escritor, secretario definitivamente provisional y luego secretario provisionalmente definitivo de l'Ouvroir de littérature potentielle (ou OuLiPo) (Obrador de literatura potencial). *Le Voyage d'hivery ses suites*, Seuil, 2014.

RAYMOND BENHAÏM (Argelia), economista, consultor y militante en numerosas organizaciones de la sociedad civil, nacionales e internacionales, presidente de Racines, Asociación para el desarrollo cultural de Marruecos y África.

DOROTHEE BENOIT-BROWAEYS, periodista científica, directora de Tek4life, cofundadora de la asociación VivAgora. *L'Urgence du vivant vers une nouvelle économie*, François Bourin, 2018.

AUGUSTIN BERQUE, geógrafo y orientalista, director de estudios de la Escuela de Altos Estudios en ciencias sociales, miembro de la Academia europea, premio Cosmos international 2018. *Poétique de la Terre. Histoire naturelle et histoire humaine, essai de mésologie*, Belin, 2014.

YVES BERTHELOT, economista, antiguo funcionario de Naciones Unidas, presidente del Comité Francés para la solidaridad internacional y del Centro internacional Desarrollo y Civilizaciones – Lebret-Irfed. *Chemins d'économie humaine* (con Lourthusamy Arokiasamy, Andrés Lalanney Lily Razafimbelo), Le Cerf, 2016.

ROMAIN BERTRAND, director de investigación del Centro de investigaciones internacionales (CERI, Ciencias Po-CNRS), especialista en historia de las colonizaciones europeas en Asia. *Le Détail du monde. L'art perdel de la description de la nature*, Seuil, 2019.

JEAN-MICHEL BESNIER, profesor emérito de filosofía de la Universidad de la Sorbonne. *L'Homme simplifié. Le syndrome de la touche étoile*, Fayard, 2012.

LEONARDO BOFF (Brasil), uno de los jefes de fila de la teología de la liberación en los años 1970-1980, galardonado con el Nobel alternativo en 2001. *The Tao of Liberation. Exploring the Ecology of Transformation* (con Mark Hataway), Orbis Books, 2009.

SUSANNE BOSCH (Alemania), artista e investigadora independiente. *Art in Context. Learning from the Field. Conversations with and between Art and Cultural Practitioners* (con Hermaní Bashiron Mendolicchio), Goethe Institut, 2017.

DANIEL BOUGNOUX, filósofo, profesor emérito de la Universidad Grenoble-Alpes. *La Crise de la représentation*, La Découverte poche, 2019.

MALEK A. BOUKERCHI (Argelia), ultra-maratoniano, fundador de Arsynoe, escritor-poeta social, conferenciante narrador filósofo experto en inteligencia relacional/integración situacional (IRIS), «guetteur-tisseur de rêves» (avistador-tejedor de sueños). *Il était une fois en Antarctique. Del rêve au dépassement de soi*, First Éditions, 2015.

DOMINIQUE BOURG, filósofo, profesor honorario de la Universidad de Lausanne, antiguo presidente del Consejo Científico de la Fundación Nicolas Hulot. *Le Marché contre l'humanité*, PUF, 2019.

PASCAL BRANCHU, trabajador social y activista sobre las cuestiones de la agricultura urbana y de la protección de los grandes árboles alineados, especialmente en entornos urbanos densos.

Genevieve Brisac, escritora, miembro de la ONG Bibliotecas sin Fronteras. *Week-End de chasse de la mère*, L'Olivier, 1996, premio Femina.

Axelle Brodiez-Dolino, historiadora contemporánea del CNRS, especialista en cuestiones de pobreza-precariedad y de humanitarismo. *La Protection sociale en Europe au xxe siècle* (con Bruno Dumons), Presses universitaires de Rennes, 2014.

Wendy Brown (Estados-Unidos), profesora de ciencia política de la Universidad de California en Berkeley. *Défaire le* dèmos. *Le néolibéralisme, une révolution furtive*, Amsterdam, 2018.

Fabienne Brugere, profesora de filosofía de las artes modernas y contemporáneas de la Universidad Paris-8. *On ne naît pas femme, on le devient*, Stock, 2019.

Luigino Bruni (Italia), economista y filósofo, profesor de la Universidad de Milan-Bicocca, teórico de economía civil y de economía de la comunión. *Economia civile e sviluppo sostenibile* (con L. Berchettiy E. Zamagni), Ecra, 2019.

Jaime Ríos Burga (Perú), profesor de sociología y de ciencia política de la Universidad de Lima. «Colonialidad y descolonialidad como imaginarios en el sistema mundo moderno/colonial», en Julio Mejía Navarrete (dir.), *América Latina en debate. Sociedad, conocimiento e intelectualidad*, URP, Lima, 2011.

Valérie Cabanes, jurista en derecho internacional, especialista en derechos del hombre y derecho humanitario, ecologista y ensayista, ha participado en el lanzamiento del movimiento ciudadano End Ecocide on Earth que defiende el proyecto de otorgar reconocimiento en el derecho internacional el ecocidio como crimen contra la paz y las generaciones futuras. Dio origen a la petición on line «L'Affaire del siècle» (el negocio/escándalo del siglo). *Homo natura. En harmonie con le vivant*, Buchet-Chastel, 2017.

Alain Caille, profesor emérito de sociología de la Universidad Paris-Nanterre, director de *La Revue del MAUSS*, es uno de los animadores del movimiento de los convivialistas. *Extensions del domaine del don. Demander-donner-recevoir-rendre*, Actes Sud, 2019.

Matthieu Calame (Francia, Suiza), ingeniero agrónomo, director de la Fundación Charles Léopold Mayer para el progreso del hombre. *La France contre l'Europe. Histoire d'un malentendu*, Les Petits Matins, 2019.

CRAIG CALHOUN (Estados Unidos), sociólogo americano, ex-director de la London School of Economics and Political Science (2012-2016), primer presidente del Berggruen Institute. *Does Capitalism Have a Future?* (con Imanuel Wallerstein, Randall Collins, Michael Manny Georgi Derluguian), Oxford University Press, 2013.

HERNANDO CALLA (Bolivia), activista de las organizaciones campesinas bolivianas, traductor de decenas de libros como *La verdadera riqueza de las naciones. Creando una economía del cuidado* de Riane Eisler, Fundáçión Solon/Trenzando Ilusiones, 2014.

BELINDA CANNONE, novelista, ensayista y profesora de literatura comparada de la Universidad Caen-Normandie. *La Forme del monde*, Arthaud, 2019.

LUÍS R. CARDOSO DE OLIVEIRA (Brasil), profesor de antropología de la Universidad de Brasilia, antiguo presidente de la Asociación brasileña de antropología (2006-2008). *Direito legal e insulto moral. Dilemas da cidadania no Brasil, Quebec e EUA*, Garamond, 2011.

JORGE CARILLO (México), investigador del Collège de la Frontière Nord (Colef), trabaja en innovación y aprendizaje tecnológico de México. *Made in México. Desafíos para la ciencia y la innovación en la frontera norte*, Comecso, 2016.

GENAUTO CARVALHO DE FRANCA FILHA (Brasil), profesor de la Universidad federal de Bahia, *Açao publica e economia solidaria. Uma perspectiva internacional*, UFRGS, 2006.

BARBARA CASSIN, filosofa y filóloga, directora de investigación del CNRS, miembro de la Academia francesa. *Le Vocabulaire europeo des philosophies. Dictionnaire des intraduisibles* (dir.), Seuily Le Robert, 2004.

JOSE CASSIOLATO (Brasil), profesor emérito de la Universidad federal de Río de Janeiro, antiguo secretario de Estado del ministerio de la Ciencia y de la Tecnología, ex-director de Global Research Network on the Economics of Learning, Innovation and Competence Building Systems.

SILVIA CATALDI (Italia), investigadora en sociología de La Sapienza, Universidad de Roma, animadora del grupo Social One. *Culture of Peace. The Social Dimension of Love* (con Vera Araujo), L'Harmattan, 2016.

PHILIPPE CHANIAL, profesor de sociología de la Universidad de Caen-Normandie, redactor jefe de *La Revue del MAUSS*. *La Société vue del don. Manuel de sociología anti-utilitariste appliquée* (dir.), La Découverte, 2008.

FRANÇOIS CHATEAURAYNAUD, director de estudios de la Escuela de Altos estudios en ciencias sociales, director del grupo de sociología pragmática y reflexiva, ha introducido el concepto de «lanceur d'alerte» (emisor de alerta) (1990). *Aux bords de l'irréversible. Sociología pragmatique des transformations* (con Josquin Debaz), Pétra, 2017.

HERVÉ CHAYNEAUD-DUPUY, animador de los Talleres de ciudadanía. *Citoyen pour quoi faire? Vers une démocratie sociétale*, Chronique sociale, 2016.

ÈVE CHIAPELLO, directora de estudios de la Escuela de Altos Estudios en ciencias sociales donde ocupa la cátedra de sociología de las transformaciones del capitalismo. *Management Tools. A Social Ciencias Perspective* (con Patrick Gilbert), Cambridge University Press, 2019.

NOAM CHOMSKY (Estados Unidos), profesor emérito de lingüística del Massachusetts Institute of Technology (MIT), fundador de la lingüística generativa e intelectual comprometido. *Optimism over Despair. On Capitalism, Empire, and Social Change*, Penguin, 2017.

PHILIPPE CIBOIS, profesor emérito de sociología en la Universidad de Versailles-Saint-Quentin-en-Yvelines. *La Source, école de la confiance* (en colaboración con Jeanne Houlon), Fabert, 2007.

SÉBASTIEN CLAEYS, filósofo, responsable de mediación en l'Espace éthique (Espacio Ético) / Île-de-Francey cronista de la revista *Socialter. De disruption de prosommateur. 40 mots-clés pour le monde de demain*, Le Pommier, 2018.

DENIS CLERC, economista, fundador de la revista *Alternatives économiques,* que ha dirigido durante veinte años. *Déchiffrer l'économie*, La Découverte, 2019.

GABRIEL COHN (Brasil), sociólogo, profesor emérito de sociología de la Universidad de São Paulo. *Weber, Frankfurt. Teoria e pensamento social*, Azougue, 2017.

GABRIEL COLLETIS, profesor de economía de la Universidad de Toulouse-1 Capitole, investigador del Laboratorio de Estudio y de investigación en economía, políticas y sistemas sociales, ha creado y preside la asociación del Manifeste pour l'industrie (manifestepourlindustrie.org).

CATHERINE COLLIOT-THÉLÈNE, filósofa política, profesora de la Universidad de Rennes, miembro del Institut universitaire de France. *La Démocratie sans «demos»*, PUF, 2011.

JOSETTE COMBES, sociolingüista, maestra de conferencias honoraria de la Universidad de Toulouse-2 Le Mirail, miembro de numerosas redes nacionales y europeas de economía social y solidaria, presidenta del Movimiento por la economía solidare y delegada de RIPESS intercontinental.

CHRISTIAN COMÉLIAU, profesor honorario del Instituto universitario de estudios del desarrollo, universidad de Ginebra. *La Croissance ou le Progrès? Croissance, décroissance, développement durable*, Seuil, 2006.

EUGENIA CORREA (México), profesora de economía de la Universidad nacional autónoma de México, miembro de la Academia mexicana de ciencias, ha recibido el premio de la Universidad nacional en 2006. *Crisis y desregulación financiera*, Editorial Siglo XXI.

SERGIO COSTDE (Brasil, Alemania), profesor de sociología de la Universidad libre de Berlín. *A Port in Global Capitalism. Unveiling Entangled Accumulation in Rio de Janeiro* (junto a Leite Gonçalves Guilherme), Routledge, 2019.

THOMAS COUTROT, estadista y economista, especialista en cuestiones de relación entre trabajo, salud y democracia, copresidente d'Attac France (2009-2016). *Libérer le travail*, Seuil, 2018.

FLORIAN COUVEINHES-MATSUMOTO, profesor de derecho público de la Escuela Normal superior (Ulm), especialista de derecho internacional y de filosofía del derecho, trabaja en una concepción «convivialista» del derecho. *Les États face aux juridictions internationales. Une analyse des politiques étatiques relatives aux juges internationaux* (con Raphaëlle Nollez-Goldbach), Pedone, 2019.

DANIEL CUEFF, Alcalde de Langouet, municipio comprometido desde1999 con la ecología social. Ecologista regionalista independiente.

ÉRIC DACHEUX, profesor en ciencias de la información y de la comunicación de la Universidad Clermont-Auvergne, miembro de la Red interuniversitaria de investigadores en economía social y solidaria. *Principes d'économie solidaire* (con Daniel Goujon), Ellipses, 2017.

JEAN-YVES DAGNET, autor y realizador de vídeo y conferenciante sobre las cuestiones del desarrollo agrícola y rural.

FRANCIS DANVERS, profesor emérito en psicología de la educación de la Universidad de Lille, vice-presidente de la Universidad popular de Lille. *S'orienter dans la vie: une valeur suprême?*, Presses universitaires del Septentrion, 2020.

MIREILLE DELMAS-MARTY, jurista, profesora honoraria del Collège de France, miembro de la Academia de las ciencias morales y políticas, presidenta del Observatorio Pharos del pluralismo de las culturas y las religiones. *Aux quatre vents del monde. Petit guide de navigation sur l'océan de la mondialisation*, Seuil, 2016.

FEDERICO DEMARIA (España), investigador de la Universidad Autónoma de Barcelona. *Pluriverso. Un diccionario del posdesarrollo* (codir.), Icaria editorial, 2019.

PHILIPPE DESCOLA, antropólogo, profesor emérito del Collège de France, medalla de oro del CNRS. *Par-delde nature y culture*, Gallimard, 2005.

ERICA DEUBER ZIEGLER (Suiza), historiadora del arte y política, profesora honoraria de las universidades. *Culture & Cultures* (con Réda Benkirane), Infolio, 2007.

JEAN-CLAUDE DEVÈZE, agrónomo, miembro del Pacte civique et de Démocratie et Spiritualité (Pacto Cívico de Democracia y Espiritualidad). *Vers une civilisation-monde alliant culture, spiritualité y politique*, Chronique sociale, 2020.

FRANÇOIS DOLIGEZ, agroeconomista del IRAM, docente-investigador asociado de la UMR8586 Prodig. «Diversité et potentialités de l'ESS au Maghreb dans un contexte de transition», *Revue internationale de l'économie sociale*, no 4, 2019.

JEAN-PHILIPPE DOMECQ, novelista y ensayista. *La Monnaie del temps y autres textes politiques*, Agora Pocket, 2018.

PIERPAOLO DONATI (Italia), sociólogo, profesor de la Universidad de Bolonia, antiguo presidente de la Asociación sociológica Italiana. *Relational Sociology. A New Paradigm for the Social Sciences*, Routledge, 2011.

MICHAEL DREILING (Estados Unidos), profesor de sociología política y medioambiental, director del departamento de sociología de la Universidad de Oregón. *Agents of Neoliberal Globalization. Corporate Networks, State Structures, and Trade Policy* (con Derek Darves), Cambridge University Press, 2016.

FRANÇOIS DUBET, sociólogo, ha sido director de estudios La Escuela de Altos Estudios en ciencias sociales y profesor de la Universidad de Bordeaux. *Le Temps des passions tristes. Inégalités y populisme*, Seuil, 2019.

STÉPHANE DUFOIX, profesor de sociología de la Universidad Paris-Nanterre y miembro del laboratorio Sophiapol (Sociología, filosofía y antropología política), miembro senior del Institut universitaire de France (Instituto Universitario de Francia) (IUF), docente también de Ciencias Po Paris. *La Dispersion. Une histoire des usages del mot «diaspora»*, Amsterdam, 2012.

DANY-ROBERT DUFOUR, filósofo, profesor de universidad. *Baise ton prochain. Une histoire souterraine del capitalisme*, Actes Sud, 2019.

JEAN-PIERRE DUPUY, profesor de la Universidad de Stanford. *La guerre qui ne peut pas avoir lieu*, Desclée de Brouwer, 2019.

TIMOTHÉE DUVERGER, profesor asociado de ciencias Po Bordeaux y del Centro Émile Durkheim, especialista de economía social y solidaria, decrecimiento y renta básica universal. *L'Invention del revenu de base. La fabrique d'une utopie démocratique*, Le Bord de l'eau, 2018.

SHIRIN EBADI (Irán), juez, premio Nobel de la paz 2003.

ADALBERT EVERS (Alemania), profesor emérito del Centre for Social Investment (CSI), universidad de Heidelberg. *Social Policy and Citizenship. The Changing Landscape* (con Anne-Marie Guillemard), Oxford University Press, 2013.

EMMANUEL FABER, presidente-director general de Danone.

OLIVIER FAVEREAU, profesor emérito de ciencias económicas de la Universidad Paris-Nanterre, animador de l'École des conventions (La Escuela de las convenciones). *Entreprises: la grande déformation*, Parole et silence, 2014.

ANDREW FEENBERG (Estados Unidos), filósofo de la técnica, antiguo discípulo de Herbert Marcuse, hoy titular de la Canadian Research Chair in Philosophy of Technology de la Simon Fraser University de Vancouver. *Questioning Technology*, Routledge, 1999.

CHRISTIAN FELBER (Austria), animador-fundador de la red Economy for the Common Good. *Change Everything. Creating an Economy for the Common Good*, ZED Books, 2015.

FRANCESCO FISTETTI (Italia), profesor de filosofía contemporánea de la Universidad de Bari, director de la revista on-line *Post filosofie. Il filosofo e il tiranno. Viaggio nel cuore di tenebra del XX secolo*, Morlacchi, 2018.

ANNE-MARIE FIXOT, profesora de universidad, geógrafa, investigadora en ciencias humanas y sociales, animadora del Grupo de educación y de discusión popular Démosthène (Caen).

DAVID FLACHER, enseña economía en la Universidad de tecnología de Compiègne, portavoz del movimiento Utopia y vicepresidente de la Organización pro una ciudadanía univeresal. *Réguler le secteur des télécommunications? Enjeuxy perspectives* (con Hugues Jennequin), Economica, 2007.

FRANÇOIS FLAHAULT, filósofo, director de investigación emérito del CNRS. *Où est passé le bien commun?*, Milley une nuits, 2011.

FABRICE FLIPO, filósofo, docente del IMT-BS, investigador del Laboratoire de changement social et politique de la Universidad de Paris-VII. *Nature et politique. Contribution de une anthropologie de la modernité et de la globalisation*, Amsterdam, 2014.

JEAN-BAPTISTE DE FOUCAULD, antiguo comisario de planificación, iniciador de Solidarités nouvelles contre le chômage, de Démocratie et Spiritualité y del Pacte civique, presidente de Amis de Pontigny-Cerisy. *L'Abondance frugale, pour une nouvelle solidarité*, Odile Jacob, 2010.

CHRISTOPHE FOUREL, economista, presidente de la Asociación de lectores de *Alternatives économiques y* responsable del pôle solidarité de Terra Nova. Especialista en el pensamiento d'André Gorz. *D'autres monnaies pour une nouvelle prospérité* (dir.), Le Bord de l'eau, 2015.

PAULO FRACALANZA (Brasil), director del Instituto de economía de la Universidad del Estado de Campinas (UNICAMP), São Paulo.

STÉPHANE DE FREITAS, realizador *(DE voix haute. La force de la parole)* y emprendedor social. Es el creador de los programas de toma de palabra Eloquentia y de la red social de ayuda mutua Indigo.

PHILIPPE FRÉMEAUX, editorialista de la revista *Alternatives économiques* y presidente del Instituto Veblen. *Après Macron*, Les Petits Matins, 2018.

EMMANUEL GABELLIERI, agregado y doctor en filosofía, vicerector de investigación de la Universidad católica de Lyon. *Le Phénomè-ney l'entre-deux. Essai pour une metaxologie*, Hermann, 2019.

JEAN GADREY, profesor honorario de economía de la Universidad de Lille. *Adieu de la croissance. Bien vivre dans un monde solidaire*, Les Petits Matins, 2010.

NOEMI GAL-OR (Canadá), profesora de política y de derecho internacional de la universidad politécnica Kwantlen de Canadá. *International Cooperation to Suppress Terrorism*, Routledge, 2015.

VINCENT DE GAULEJAC, profesor de universidad, presidente de la Red internacional de sociología clínica. *Le Capitalisme paradoxant*, Points-Seuil, 2018.

FRANÇOIS GAUTHIER (Canadá, Suiza), profesor de sociología de las religiones del departamento de ciencias sociales de la Universidad de Fribourg, Suiza. *Religion, Modernity, Globalisation. Nation-State to Market*, Routledge, 2020.

SUSAN GEORGE (Estados Unidos, Francia), politóloga, presidenta de honor de Attac y presidenta del Consejo de vigilancia del Transnational Institute. *Los Usurpadores*, Icaria editorial, 2015.

FRANÇOIS GÈZE, presidente-director general de las ediciones La Découverte de 1982 de 2014, miembro del Cedetim y de la asociación Algeria-Watch.

CHIARA GIACCARDI (Italia), profesora de sociología de la Universidad católica de Milán, directora de la revista *Communicazioni sociali. Social Generativity. A Relational Paradigm for Social Change* (con Mauro Magatti), Routledge, 2018.

GAËL GIRAUD, economista, miembro de la Compañía de Jesús, antiguo director de la Agencia Francesa de Desarrollo. *Illusion financière*, L'Atelier, 2013.

KATHERINE GIBSON (Australia), geógrafa economista, profesora de la Western Sidney University, *Take Back the Economy. Anyhical Guide for Transforming Our Communities* (con Jenny Camerony Stephen Healy), University of Minnesota Press, 2013.

PASCAL GLÉMAIN, gestor, economista y desarrollador local (universidad Rennes-2, LiRIS), especialista en economía social y solidaria, en particular de asociaciones y cooperativas. *L'Économie socialey solidaire, de ses fondements de son «de venir»*, Apogée, 2019.

VINCENT GLENN, cineasta, realizador. Último film: *Enfin des bonnes nouvelles*, y autor de *On marche sur la dette* (con Christophe Alévêque), Points, 2016. Bloguero de *Mediapart*.

MAJA GÖPEL (Alemania), profesora de economía política de la Leuphana University Lüneburg, secretaria general del German Advisory Council on Global Change. *The Great Mindshift. How a New Economic Paradigm and Sustainability Transformations Go Hand in Hand*, Springer, 2016.

ROLAND GORI, profesor honorario de psicopatología clínica de la Universidad de Aix-Marseille y presidente de l'Appel des appels (la llamada de las llamadas). *La Nudité del pouvoir*, LLL, 2001.

PHILIP GORSKI (Estados Unidos), profesor de sociología de la Universidad Yale, especialista en sociología de las religiones y de sociología histórica, fundador del Critical Realism Network. *American Covenant. A History of Civil Religion from the Puritans to the Present*, Princeton University Press, 2017.

DANIEL GOUJON, profesor en ciencias económicas de la Universidad Jean Monnet de Saint-Étienne. *Défaire le capitalisme, refaire la démocratie. Les enjeux del délibéralisme* (con Éric Dacheux), Érès, 2020.

JEAN-MARIE GOURVIL (Canadá, Francia), antiguo director de estudios del Instituto regional de trabajo social (IRTS) de Normandía y asesor en desarrollo social local. *Se former au développement social local* (con Michel Kaiser), Dunod, 2013.

DAVID GRAEBER (Estados Unidos), profesor de la London School of Economics and Political Science, antropólogo y militante anarquista. *Bullshit Jobs*, Les Liens qui Libèrent, 2018.

JEAN-ÉDOUARD GRÉSY antropólogo del derecho, ha cofundado el gabinete AlterNego, especializado en la gestión inclusiva y el diálogo social. *La Révolution del don. Le management repensé de la lumière de l'anthropologie* (con Alain Caillé), Seuil, 2014.

ANDRÉ GRIMALDI, diabetólogo, jefe de servicio del hospital de la Pitié-Salpêtrière. *L'Hôpital malade de la rentabilité*, Fayard, 2009.

JEAN-CLAUDE GUILLEBAUD, escritor, ensayista y periodista, galardonado con el premio Albert-Londres. *Le Tourment de la guerre. Pourquoi tant de violence?*, L'Iconoclaste, 2016, premio de la Société des gens de lettres.

PATRICE GUILLOTREAU, profesor de economía de la Universidad de Nantes, especialista de economía del mar. *Global Change in Marine Systems* (coed.), Routledge, 2018.

ROBERTE HAMAYON, antropóloga, directora de estudios honoraria de la Escuela práctica de altos estudios, medalla de plata del CNRS. *Jouer*, La Découverte, 2012 (*Why We Play*, HAU Books, 2016).

SARI HANAFI (Palestina), director del departamento de sociología de la Universidad americana de Beyrouth, redactor jefe de *Idafat, the Arab Journal of Sociology*, presidente en ejercicio de l'International Sociological Association (ISA) y vicepresidente de l'Arab Sociological Association. *Palestinian Refugees. Identity, Space and Place in the Levant* (codir. con Are Knudsen), Routledge, 2010.

KEITH HART (Reino Unido), especialista en antropología económica, director internacional del Human Economy Programm de la universidad de Pretoria en Sudáfrica *Money in a Human Economy*, Berghahn Books, 2017.

ARMAND HATCHUEL, profesor en ciencias de gestión de la Escuela de minas de París. *Design Theory. Methods and Organization for Innovation* (con Pascal Le Massony Benoît Weil), Springer, 2017.

EIJI HATTORI (Japón), profesor, asesor del presidente de la Japan Society for Global System andyhics. *Letters from the Silk Roads.*

Thinking at the Crossroads of Civilization (con Wallace Gray), University Press of America, 2000.

BENOÎT HEILBRUNN, filósofo y profesor de la Escuela superior de comercio de París, especialista en cultura material y en mediaciones comerciales (consumo, marca, diseño, lujo). *L'Obsession del bien-être*, Robert Laffont, 2019.

AXEL HONNETH (Alemania), filósofo y sociólogo, director del Instituto de investigación social de Francfort y profesor de la Columbia University (Nueva York). *Kampf um Anerkennung*, Suhrkamp, 1992 (*La Lutte pour la reconnaissance*, Cerf, 2000).

DICK HOWARD (Estados Unidos), filósofo, Distinguished Professor de la Stony Brook University. *The Marxian Legacy*, Palgrave, 2019.

MARC HUMBERT, profesor emérito de economía política de la Universidad Rennes-1, dirige una aproximación ética y política (PEKEA), anti-utilitarista (MAUSS), de las actividades económicas. *Vers une civilisation de convivialité*, Goater, 2014.

EVA ILLOUZ (Israel, France), socióloga, directora de estudios de la Escuela de altos estudios en ciencias sociales. *La Fin de l'amour*, Seuil, 2020.

DANIEL INNERARITY (España), profesor de filosofía de la Universidad de Zaragoza, escritor y traductor. *La Société invisible*, Presses de la Universidad de Laval, 2013.

AHMET INSEL (Turquía), profesor emérito de la Universidad de Galatasaray (Istanbul). *La Nouvelle Turquie d'Erdogan*, La Découverte, 2017.

FLORENCE JANY-CATRICE, economista, profesora de universidad. *Fautil attendre la croissance?* (con Dominique Méda), La Documentation française, 2016.

ISABELLE JARRY, novelista, ensayista, *Vingt-trois lettres d'Amérique*, Fayard, 1995, premio Amerigo Vespucci.

BEATRICE y JEAN-PAUL JAUD, realizadores de films documentales y militantes. *Nos enfants nous accuseront* (2007), *Tous cobayes* (2011), *Libres* (2015), *Grande-Synthe* (2018).

BOB JESSOP (Reino Unido), profesor emérito de sociología de la Universidad de Lancaster, ha escrito numerosas obras sobre teoría de Wstado y economía política. *The State. Past, Present, Future*, Polity Press, 2016.

ZHE JI (China, Francia), profesor de sociología del Instituto nacional de lengua y civilizaciones orientales y director del Centro de estudios interdisciplinares sobre el budismo. *Religion, modernité et temporalité. Une sociología del bouddhisme chan contemporain*, CNRS Éditions, 2016.

HANS JOAS (Alemania), profesor de sociología de la Universidad Humboldt de Berlín y de la Universidad de Chicago. *Comment la personne est devenue sacrée. Une nouvelle généalogie des droits de l'homme*, Labory Fides, 2016.

K. J. JOSEPH (India), profesor, director del Gulati Institute of Finance and Taxation, Thiruvananthapuram, Kerala, Inde.

STEPHEN KALBERG (Estados Unidos), profesor de sociología de la Universidad de Boston, especialista en Max Weber. *Searching the Spirit of American Democracy. Max Weber on a Unique Political Culture*, Routledge, 2013.

GIORGOS KALLIS (España), profesor de economía ecológica de la Universidad autónoma de Barcelona. *Limits. Why Malthus Was Wrong and Why Environmentalists Should Care*, Stanford University Press, 2019.

MAKOTO KATSUMATA (Japón), economista, profesor emérito de la Universidad Meiji Gakuin (Tokio), ha sido durante largo tiempo presidente del Centro de estudios internacionales sobre la paz (Prime) de Tokio. *Conviviality but not Growth* (en japonés), Commons, 2011.

HERVÉ KEMPF, periodista y escritor francés, antiguo periodista de *Courrier international*, de *La Recherchey* de *Le Monde*, actual redactor jefe de *Reporterre*. *Tout est prêt pour que tout empire. 12 leçons pour éviter la catastrophe*, Seuil, 2017.

FARHAD KHOSROKHAVAR (Irán, Francia), sociólogo y filósofo, director de estudios de la Escuela de altos estudios en ciencias sociales. *Le Nouveau Jihad en Occident*, Robert Laffont, 2018.

SEIICHI KONDO (Japón), diplomático, ex-secretario general adjunto de la OCDE y director del Kondo Institute for Culture and Diplomacy.

ASHISH KOTHARI (India), militante medioambiental, fundador de la ONG Kalpavriksha. *Alternative Futures. India Unshackled* (con K. J. Joy), UpFront, 2017.

IRÈNE KOUKOUI (Benín), presidenta de la red Femmes leaders del Bénin (Mujeres líderes de Benín), coordinadora de los Dialogues en humanité au Bénin y des Dialogues panafricains (Diálogos en humanidad de Benín y Diálogos panafricanos), directora adjunta del gabinete del ministro de Educación de Benín.

JACINTO LAGEIRA, profesor de filosofía del arte y de estética de la Universidad Paris-1 Panthéon-Sorbonne. *L'Art comme Histoire. Un entrelacement de poétiques*, Mimésis, 2016.

KAMAL LAHBIB (Marruecos), activista y líder obrero de la sociedad civil magrebina, creador y animador de múltiples ONG, organizador del Fórum social Magreb 2005, presidente del Forum des alternatives del Maroc (Fórum de las alternativas de Marruecos).

KARIM LAHIDJI (IRAN), jurista y abogado, ha sido presidente de la Federación internacional de los derechos humanos (2013-2016).

ELENA LASIDA, socióloga, profesora del Instituto católico de París. *Le Goût de l'autre*, Albin Michel, 2011.

HELENA LASTRES (Brasil), investigadora asociada de la Universidad federal de Río de Janeiro, antigua asesora del presidente del Banque nacional del desarrollo económico y social del Brasil (2007-2016), co-coordinadora del RedeSist, red latinoamericana de investigación sobre sistemas locales de producción e innovación.

BRUNO LATOUR, sociólogo, antropólogo y filósofo de las ciencias, profesor de Ciencias Po Paris. *Où atterrir? Comment s'orienter en politique*, La Découverte, 2017.

CAMILLE LAURENS, escritora, docente de Ciencias Po Paris, cronista del diario *Le Monde. Dans ces bras-lde*, P.O.L., 2000, premio Femina.

MARC LAUTIER, profesor de economía de la Universidad Rennes-2, especialista en la articulación entre estrategias de desarrollo económico y mundialización, sobretodo en Asia. *Économie de l'Asie del Sud-Est* (con J.-R. Chaponnière), Bréal, 2019.

CHRISTIAN LAVAL, profesor emérito de sociología de la Universidad Paris-Nanterre, especialista de la historia del utilitarismo y del liberalismo, miembro del Instituto de investigación de la FSU. *Commun. Essai sur la révolution au xxie siècle* (con Pierre Dardot), La Découverte, 2014.

JEAN-LOUIS LAVILLE, sociólogo, profesor, titular de la cátedra de economía solidaria del CNAM, responsable de la iniciativa de investigación Democracia y economía plurales del Collège d'éstudes mondiales (Fondation MSH). *L'Économie socialey solidaire. Pratiques, théories, débats*, Seuil, 2016.

WILLIAM LAZONICK (Estados Unidos), profesor emérito de economía de la Universidad del Massachusetts, presidente de The Academic-Industry Research Network.

CHRISTIAN LAZZERI, profesor de filosofía contemporánea de la Universidad Paris-Nanterre. *Histoire raisonnée de la philosophie moraley politique* (con Alain Caillé y Michel Senellart, dir.), La Découverte, 2001.

FRÉDÉRIC LEBARON, profesor de sociología de l'École normale supérieure Paris-Saclay, especialista de sociología económica y de sociología política. *Empirical Investigation of the Social Space* (en collaboration), Springer, 2019.

ERWAN LECOEUR, sociólogo y asesor en comunicación política (laboratorio Pacte). *Face au FN* (con Enzo Poultreniez), Le Passager clandestin, 2013.

JACQUES LECOMTE, doctor en psicología, presidente de honor de la Asociación francesa de psicología positiva. *La Bonté humaine*, Odile Jacob, 2014.

CLAUS LEGGEWIE (Alemania), profesor de ciencia política de la Universidad de Giessen. *Europa zuerst! Eine Unabhängigkeitserklärung*, Ullstein, 2017.

JACQUES LE GOFF, profesor emérito de derecho público de la Universidad de Brest y antiguo inspector del trabajo, preside la Asociación Les Amis d'Emmanuel Mounier. *Del silence de la parole* (prefacio de Laurent Berger), Presses universitaires de Rennes, 2019.

MARTIN LEGROS, filósofo y periodista, redactor jefe de *Philosophie magazine*.

STEPHAN LESSENICH (Alemania), profesor de sociología de la Universidad Ludwig Maximilian de Munich, presidente de la German Sociological Asociación. *Neben uns die Sintflut. Die Externalisierungsgesellschaft und ihr Preis*, Hanser Verlag, 2016.

DIDIER LIVIO, fundador de la sociedad Synergence, dirigente de Deloitte. *Réconcilier l'entreprise et la société. L'entreprise a-telle une vocation politique?*, Eyrolles, 2002.

AGNÈS LONTRADE, Profesora de l'École des arts de la Sorbonne. *Les Valeurs esthétiques del don* (codir.; postfacio d'Alain Caillé), Mimésis, 2019.

HELENA LOPES (Portugal), profesora de economía del ISCTE-Instituto universitario de Lisbonne. *Penser le travail pour penser l'entreprise* (en colaboración), Presses des Mines, 2016.

ERIC LYBECK (Reino Unido), profesor de sociología de la Universidad de Manchester, director de la revista *Civic Sociology* (University of California Press). *Norbert Elias and the Sociology of Education*, Bloomsbury Academic, 2019.

MAURO MAGATTI (Italia), profesor de la Universidad católica de Milán, director del Centre for the Anthropology of Religion and Cultural Change (ARC). *Social Generativity. A Relational Paradigm for Social Change* (con Chiara Giaccardi), Routledge, 2017.

RASIGAN MAHARAJH (Sudáfrica), director jefe de l'Institute for Economic Research on Innovation, Tshwane University of Technology, Sudáfrica.

GILLES MARÉCHAL, cofundador de au sein d'Élan (en el seno de Elan), creador y asesor de Terralim sobre sistemas alimentarios locales, es también investigador asociado del UMR ESO-Espaces et sociétés del CNRS.

FRANCISCA MARQUEZ (Chile), profesora de la Universidad Alberto Hurtado (Santiago del Chile), especialista de antropología cultural y urbana. *[Relatos de una] ciudad trizada. Santiago de Chile*, Ocho Libros, 2017.

PAULO HENRIQUE MARTINS (Brasil), profesor de sociología de la Universidad federal del Pernambuco, ex-presidente de la Asociación latino-americana de sociología. *Itinerarios do dom. Teoria e sentimento*, Ateliê de Humanidades, 2019.

DANILO MARTUCCELLI (Chile-France), ex-profesor de sociología de la Universidad Paris-Descartes, miembro senior del Institut universitaire de France, investigador del Instituto de estudios avanzados de la universidad de Santiago de Chile. *La Condition sociale moderne. L'avenir d'une inquiétude*, Gallimard, 2017.

GUS MASSIAH, ingeniero y economista, uno de los animadores del movimiento altermundialista, cocreador del Centre d'études et d'initiatives de solidarité internationale (Centro de estudios y de iniciativas de solidaridad internacional) y de la Asociación internacional de técnicos e investigadores. *Une stratégie de l'altermondialisme* (con Élise Massiah), La Découverte, 2011.

DOMINIQUE MÉDA, profesora de sociología, directora del Instituto de investigación interdisciplinaria en ciencias sociales de la Universidad Paris-Dauphine. Sus campos de investigación son el trabajo, el empleo, les políticas sociales y los indicadores de riqueza. *Les Nouveaux Travailleurs des applis* (con Sarah Abdelnour, dir.), PUF, 2019.

MARGUERITE MENDELL (Canadá), profesora del departamento de asuntos públicos y comunitarios de la Universidad Concordia de Montreal y directora del Instituto Karl Polanyi. *Reclaiming Democracy. The Social Justice and Political Economy of Gregory Baum and Kari Polanyi Levitt*, McGill University Press, 2005.

MAURICE MERCHIER, profesor honorario de ciencias sociales en clases preparatorias. Autor de numerosos artículos, dirige, con Guy Roustang, l'*Encyclopédie del changement de cap* (eccap.fr).

PASCALE MÉRIOT, docente-investigadora de la facultad de ciencias economías de Rennes investigadora de LiRIS. Su principal campo de investigación es la educación, se interesa igualmente por la economía social y solidaria.

JEAN-CLAUDE MICHÉA, filósofo y ensayista, crítico del liberalismo y de la identificación del socialismo de la izquierda, teórico, en la estela de George Orwell, de la *common decency* (decencia de la gente corriente). *Le Complexe d'Orphée. La gauche,les gens ordinairesy la religion del progrès*, Climats, 2011.

HENRY MINTZBERG (Canadá), escritor y educador, profesor de estudios de gestión de la Universidad McGill (Montreal). *Rebalancing Society. Radical Renewal Beyond Left, Right and Center*, Berret-Koehler Publishers, 2015.

PIERRE-OLIVIER MONTEIL, filósofo, investigador asociado de Fonds Ricoeur, docente de ética de la Universidad Paris-Dauphine y del ESCP Europe. *Ricoeur politique*, Presses universitaires de Rennes, 2013.

EDGAR MORIN, sociólogo, filósofo y mediólogo, director de investigación emérito del CNRS, teórico del pensamiento complejo (en los seis volúmenes de *La Méthode*). *La Voie. Pour l'avenir de l'humanité*, Fayard, 2011.

CHANTAL MOUFFE (Bélgica, Reino Unido), filósofa política postmarxista, profesora de la Universidad de Westminster (Londres). *Pour un populisme de gauche*, Albin Michel, 2018.

FATOU NDOYE (Senegal), coordinadora de los Dialogues en humanité au Sénégal (Diálogos en humanidad de Senegal) y de Pôle Sada (Sistemas alimentarios alternativos sostenibles/Género).

JULIE NELSON (Estados Unidos), profesora emérito de economía de la Universidad de Massachusetts (Boston), especialista en las relaciones entre economía, ética, ecología y feminismo. *Economics for Humans*, University of Chicago Press, 2018 (2e éd.).

RICHARD NELSON (Estados Unidos), profesor de la Universidad Columbia (Nueva York), uno de los principales teóricos de la economía evolucionista. *An Evolutionary Theory of Economic Change*, Harvard University Press, 1982.

PIERRE NICOLAS, filosofía política. *La Cité de la parole*, L'OEuvrier, 1991, y blog «Dépasser les conflits inutiles» (https://pierrenicolas.com).

JUN NISHIKAWA (✝ Japón), fue profesor de la Universidad de Waseda, y político del desarrollo y de la globalización, ha coeditado la versión japonesa comentada por diversos autores del primer Manifesto convivialista.

OSAMU NISHITANI (Japón), filósofo, profesor emérito de la Universidad de lenguas extranjeras de Tokio, docente de estudios interdisciplinarios de la mutación del mundo contemporáneo. *Risei no Tankyu (de la recherche de la raison perdue)*, Iwanami-Shoten, 2010.

DEBORA NUNES (Brasil), urbanista y arquitecta, cofundadora de la Red de profesionales de la economía social y solidaria (REDE de Salvador de Bahía) y creadora de la Escuela de la sostenibilidad integral o de la ecología integrativa. Coordinadora de los Diálogos en humanidad de Brasil.

UGO OLIVIERI (Italia), profesor de literatura italiana de la Universidad Frédéric-II de Napoles. *Il fascino dell'obbedienza. Servitù volontaria e societde depressa*, Mondadori, 2013.

PATRICE PARISÉ, ingeniero general forestal y de canales y puentes honorario, antiguo vice-presidente del Consejo general de medio ambiente y desarrollo sostenible.

ANDREA RICARDO DO PASSO MAGNELLI, sociólogo, profesor asociado de la Universidad de São Bento de Río de Janeiro (FSB-RJ), director de Ateliê de Humanidades. *Durkheim, apesar do século. Novas interpretações entre filosofia e sociología*, Ateliê de Humanidades, 2019.

SUSAN PAULSON (Estados Unidos), profesora y directora de estudios latinoamericanos de la Universidad de la Florida. *Masculinities and Femininities in Latin America's Uneven Development*, Routledge, 2015.

ANTOINE PEILLON, periodista de investigación, premio Éthique Anticor por *Ces 600 milliards qui manquent de la France. Enquête au coeur de l'évasion fiscale*, Seuil, 2012.

CORINE PELLUCHON, profesora de filosofía de la Universidad Paris-Est Marne-la-Vallée, especialista de ética aplicada a la cuestión animal (cf. son *Manifeste animaliste*) y de ecología política. *Éthique de la considération*, Seuil, 2018.

LAURA PENNACCHI (Italia), economista, directora de la Fundación Lelio Basso y coordinadora del National Economy Forum de la CGIL. *Filosofia dei beni comuni. Crisi e primato della sfera pubblica*, Donzelli, 2012.

ALFREDO PENA-VEGA, sociólogo, docente-investigador de la Escuela de altos estudios en ciencias sociales y del Centre Edgar Morin, coordinador del Tribunal internacional de la naturaleza. *Pour une politique de l'humanité?* (codir. con Edgar Morin), Atlantique, 2009.

BERNARD PERRET, socio-economista y ensayista, miembro del comité de redacción de la revista *Esprit*, antiguo miembro de la

Inspección general del ministerio de Ecología. *La Démarchandisation*, Les Petits Matins, 2015.

JACQUES PERRIN, director de investigación honorario en ciencias económicas del CNRS. *Pourquoi les ciencias économiques nous conduisent dans le mur?*, L'Harmattan, 2011.

PASCAL PETIT, director de investigación emérito en economía del CNRS, asociado del Centro de economía de la Universidad Paris-Nord (CEPN) y de la Maison des sciences de l'homme (Casa de las ciencias del hombre). *Croissance et richesse des nations*, La Découverte, 2005.

ELIMAR PINHEIRO DO NASCIMENTO (Brasil), profesor de sociología política y medioambiental de la universidad de Brasilia. *Trajetória da sustentabilidade: do ambiental ao social, do social ao econômico. Estud. av.* [online]. 2012.

ILARIA PIRONE, psicóloga clínica, psicoanalista, docente de ciencias de la educación de la Universidad Paris-8. Geoffrey Pleyers (Bélgica), profesora de la Universidad católica de Lovaina, vice-presidenta de la Asociación internacional de sociología . *Alter-Globalization. Becoming Actors in the Global Age*, Polity Press, 2011.

KARI POLANYI LEVITT (Canadá), profesora emérita de economía de la Universidad McGill (Montreal). Paralelamente a la divulgación del pensamiento de su padre, Karl Polanyi, ha desarrollado investigaciones sobre el desarrollo. *Reclaiming Development. Independent Thought and Caribbean Community*, Randle Publishers, 2005.

SERGE PROULX (Canadá), profesor emérito del UQAM (Montreal), especialista en análisis de mutaciones contemporáneas de los dispositivos de información y de comunicación. *La Contribution en ligne. Pratiques participatives de l'ère del capitalisme informationnel*, Presses de la Universidad del Québec, 2014.

ELENA PULCINI (Italia), profesora de filosofía social de la Universidad de Florencia, especialista de la teoría de las pasiones y de los sentimientos de la época moderna. *The Individual without Passions. Modern Individualism and the Loss of the Social Bond*, Lanham, 2012.

P. V. RAJAGOPAL (India), activista gandhiano, ex-presidente de la Gandhi Peace Foundation (Nueva Delhi), miembro fundador et presidente d'Ekta Parishad, organizador de la campaña Jai Jagat 2020.

HENRI RAYNAL, poeta, filósofo y crítico de arte. *Cosmophilie. Nouvelles locales del tout*, Cécile Defaut, 2016.

MICHEL RENAULT, docente-investigador de la Universidad Rennes-1, trabaja sobre indicadores de bienestar y desarrollo. Contributeur au *Bonheur. Dictionnaire historiquey critique*, Michèle Gally (dir.), CNRS Édition, 2019.

YVES RENOUX, profesor de EPS y formador de la Federación deportiva y gimnástica del trabajo.

ROBIN RENUCCI, director de la compañía Tréteaux de France, presidente de la asociación Centros dramáticos nacionales y presidente de la asociación de Rencontres internationales artistiques (reencuentros artísticos internacionales)

MYRIAM REVAULT D'ALLONNES, filósofa, teórica de la democracia, profesora emérita de l'École pratique des hautes études (Escuela práctica de altos estudios), *La Faiblesse del vrai*, Seuil, 2018.

EMMANUEL REYNAUD, sociólogo, antiguo alto funcionario del Bureau international del travail (Oficina internacional del trabajo), ha escrito y coordinado obras sobre protección social, jubilaciones, igualdad entre sexos y crítica de la virilidad.

MATTHIEU RICARD, biólogo, monje budista tibetano, fotógrafo, interprete del dalái lama en francés, fundador de la asociación humanitaria Karuna-Shechen. *Plaidoyer pour l'altruisme*, Nil, 2013.

MARIE-MONIQUE ROBIN, periodista de investigación, realizadora y escritora francesa, premio Albert Londres. *Le Roundup face de ses juges*, La Découverte, 2017.

HARTMUT ROSA (Alemania), profesor de sociología de la Universidad de Iéna. *Resonance. A Sociology of Our Relationship to the World*, Polity Press, 2019.

GUY ROUSTANG, antiguo director de investigación de LEST-CNRS, corresponsable de la *Encyclopédie del changement de cap* (eccap. fr). *Démocratie: le risque del marché*. Desclée de Brouwer, 2012.

MARSHALL SAHLINS (Estados Unidos), antropólogo, profesor emérito de la Universidad de Chicago. *On Kings* (con David Graeber), HAU Books, 2017.

EMERSON SALES (Brasil), profesor de física y de química de la Universidad federal de Bahía, coordinador de Rede de Tecnologias Limpas, y del Laboratório de bioenergía y catálisis.

ARIEL SALLEH (Australia), investigadora-activista australiana, profesora de la universidad de Sidney. *Ecofeminism as Politics*, Zed Books, 1997.

CHRISTIAN SALMON, escritor e investigador, antiguo asistente de Milan Kundera, fundador en 1993 del Parlamento internacional de escritores y de la Red internacional de las ciudades refugio (para acoger a los escritores perseguidos en sus países). *L'Ère del clash*, Fayard, 2019.

SASKIA SASSEN (Holanda, Estados Unidos), economista y socióloga, profesora de la Universidad de Columbia (Nueva York) y de la London School of Economics. *Expulsions. Brutality and Complexity in the Global Economy*, Harvard University Press, 2014.

OLIVIER DE SCHUTTER (Suiza), profesor de derecho de la Universidad de Lovaina, miembro del Comité para los derechos económicos, sociales y culturales (ONU). *Reflexive Governance. Redefining the Public Interest in a Pluralistic World*, Hat Publishing, 2010.

BLANCHE SEGRESTIN, profesora de gestión de l'École des mines de París. *Refonder l'entreprise* (con Armand Hatchuel), Seuil, 2012.

JEAN-MICHEL SERVET, economista, profesor honorario en estudios del desarrollo de l'Institut d'hautes études internationales et del développement (Instituo de Altos estudios intenacionales y del desarrollo) (Ginebra), especialista en prácticas solidarias de economía y finanzas y de historia del pensamiento. *L'Économie comportementale en question*, Charles Léopold Mayer, 2018.

PABLO SERVIGNE, ingeniero agrónomo, doctor en ciencias de la Universidad libre de Bruselas, periodista y ensayista colapsólogo. *Comment tout peut s'effondrer. Petit manuel de collapsologie de l'usage des générations présentes* (con Raphaël Stevens), Le Seuil, 2015.

HUGUES SIBILLE, presidente del Labo de la Escuela social y solidaria y de la Fondation Crédit coopératif (Fundación Crédito cooperativo), antiguo delegado interministerial. *La Grande Promesse*, Rue de l'Échiquier, 2016.

SIDDHARTA (India), fundador y director del Centro intercultural Fireflies (un ashram) de Bangalore y administrador ejecutivo de Pipal Tree, ONG, militante del servicio de los agricultores indios pobres y promotor del dialogo intercultural, sobre todo con jóvenes de países occidentales.

ILANA SILBER (Israel), profesora emérita de sociología de la Universidad Bar-Ilan. *Cultural Traditions and Worlds of Knowledge. Explorations in the Sociology of Knowledge* (avec S. N. Eisenstadt, dir.), JAI Press, 1998.

DAMIR SKENDEROVIC (Suiza), profesor de historia contemporánea de la Universidad de Friburgo, especialista de la derecha radical. *The Radical Right in Switzerland. Continuity and Change, 1945-2000*, Berghahn Books, 2009.

GUILLAUME DEL SOUICH, pintor, antiguo copresidente y portavoz del Moviente de la Paz.

BOAVENTURA DE SOUSA SANTOS (Portugal), sociólogo del derecho, profesor de la facultad de economía de la Universidad de Coímbra de la cual es director del Centro de estudios sociales. *The End of the Cognitive Empire*, Duke university Press, 2018.

FRÉDÉRIC SPINHIRNY, filósofo, DRH del hospital universitario Necker-Enfants malades (París). *Hôpitaly modernité*, Sens & Tonka, 2018.

ROBERT SPIZZICHINO, ingeniero urbanista, miembro del Consejo de desarrollo de la metrópoli del Grand Paris, presidente de la asociación Carma Gonesse/Pays de France. *De la ville en politique*, L'Harmattan, 2011.

ROGER SUE, sociólogo, profesor de la Universidad de París, investigador Centro de investigación sobre relaciones sociales, administrador de la Fonda. *La Contre-Société*, LLL, 2017.

BRUNO TARDIEU, voluntario permanente de ATD Quart Monde, director del Centro de memoria y de investigación Joseph Wresinski. *Les pauvres sont nos maîtres* (con D. Joussety J. Tonglet), Hermann, 2019.

ANDRÉ TEISSIER FEL CROS, ingeniero, economista y escritor, presidente honorario del Comité Bastille. *La Taxe sur l'actif net ou impôt progressif sur le patrimoine dormant. Pourquoi il faut taxer le patrimoiney non plus le revenu* (en colaboración; prefacio de Corinne Lepage), L'Harmattan, 2016.

MICHEL TERESTCHENKO, filósofo, profesor de la Universidad de Dijon y de Sciences Po Aix-en-Provence. *Un si fragile vernis d'humanité. Banalité del mal, banalité del bien*, La Découverte, 2007.

BRUNO THÉRET, economista, director de investigación emérito del CNRS. «Système fiscal de paiement complémentaire. Un dispositif pour renverser l'hégémonie» (con Thomas Coutrot), *Revue française de socio-économie*, no 22, 2019.

JACQUES TOLEDANO, militante ecologista, animador de la asociación Les Amis del *Monde diplomatique* (Grenoble).

CATHERINE TOUVREY, mutualista, directora general de Harmonie Mutuelle, directora de seguridad y protección financiera del grupo de protección social, mutualista y solidario.

SERGE TRACQ, profesor de educación física y deportiva y formador de la Federación deportiva y gimnástica del trabajo.

FLORENT TROCQUENET-LOPEZ, profesor de letras en clases preparatorias, periodista y cronista de la revista *Socialter*, novelista. *La Nature* (con Véronique Anglard), Dunod, 2015.

PATRICK TUDORET, novelista y ensayista. *Petit traité de bénévolence*, Tallandier, 2019.

JEAN-JACQUES TYSZLER, doctor psiquiatra y psicoanalista, médico director del Centro médico-psicopedagógico de la Mutua general de la Educación nacional (París).

FRÉDÉRIC VANDENBERGHE (Bélgica, Brasil), sociólogo instalado en Brasil después de haber trabajado en Inglaterra y Estados Unidos, actualmente es profesor de la Universidad federal de Río de Janeiro. *Le Réalisme critique. Une nouvelle ontologie pour la sociología* (con Margaret Archer), Le Bord de l'eau, 2019.

JEAN-FRANÇOIS VÉRAN (Francia, Brasil), antropólogo, profesor de la Universidad federal de Río de Janeiro, colaborador regular de Médicos sin fronteras. *L'Esclavage en héritage (Brasil). Le droit de la terre des descendants de marrons*, Karthala, 2003.

JEAN-LUC VEYSSY, filósofo, dirige las ediciones de Le Bord de l'eau. *Femmes en politique dans le monde. Angela, Michelle, Ségolèney les autres…* (con Bernard Collignon), Le Bord de l'eau, 2007.

BRUNO VIARD, profesor emérito de literatura francesa de la Universidad d'Aix-en-Provence, combina literatura, antropología, psicología, política a partir de Marcel Mauss, Pierre Leroux, Paul Diel. *Amour-propre. Des choses connues depuis le commencement del monde*, Le Bord de l'eau, 2015.

DENIS VICHERAT, director de las ediciones Utopia (www.editions-utopia.org), casa editorial independiente profundamente enraizada en la ecología política y el altermundialismo. También es coanimador del movimiento Utopia y ha coordinado la escritura del *Manifeste Utopia*, 2012.

PATRICK VIEU, Alto funcionario, consejero de la vice-presidenta del Consejo general de medio ambiente y de desarrollo sostenible del ministerio de la Transición ecológica y solidaria.

DANIEL VILLAVICENCIO (México), profesor de sociología de innovación de la Universidad autónoma metropolitana de México. *Algunas lecciones del programa de fomento a la innovación en México*, Administración Pública y Sociedad, 2017.

JEAN-LOUIS VIRAT, experto contable retirado, animador del Laboratorio de la transición, de Ecología de lo cotidiano, de Libr'acteurs y de diversas asociaciones para la educación de la ciudadanía y la ayuda a los migrantes.

PATRICK VIVERET, filósofo, magistrado honorario de la Cour des comptes (Corte de cuentas). *La Cause humaine. Del bon usage de la fin d'un monde*, LLL, 2012.

NATHANAËL WALLENHORST, profesor e investigador de la Universidad católica del Oeste (Angers). *L'Anthropocène décodé pour les humains*, Le Pommier, 2019.

JULIETTE WEBER, encargada de estudios y de investigación del Observatorio del grupo Macif – dominio Asuntos públicos. *L'Idée même de richesse* (con Alain Caillé), La Découverte, 2012.

CHICO WHITAKER (Brasil), arquitecto, militante del Partido de los trabajadores del Brasil, cofundador del Fórum social mundial, antiguo secretario ejecutivo de la comisión Justicia y Paz de

Brasil, ha recibido el Right Livelihood Award en 2006. *Changer le monde. [Nouveau] mode d'emploi*, L'Atelier, 2006.

HITOSHI YAKUSHIIN (Japón), profesor de sociología de la Universidad Tezukayama Gakuin (Osaka), analista de la democracia. *Shakai-shugi-no-gokai-toku* («Resolver la incomprensión del socialismo»), Paperback Shinsho, 2011.

JOËLLE ZASK, filósofo político, docente de la Universidad d'Aix-Marseille. *Quand la forêt brûle. Penser la nouvelle catastrophe écologique*, Premier Parallèle, 2019.

VALÉRIE ZENATTI, escritora, escenógrafa. *Dans le faisceau des vivants*, L'Olivier, 2019.

LUN ZHANG (China-Francia), sociólogo, coorganizador de las manifestaciones de la plaza Tiananmen (1989), profesor de civilización china de la Universidad de Cergy-Pontoise y del EHESS sobre la modernidad china, la transición y la reforma en China. *La Chine désorientée. Cinq ans d'histoire contemporaine* (con Aurore Merle), Charles Léopold Mayer, 2018.

JEAN ZIEGLER (Suiza), Político y sociólogo altermundialista, vice-presidente del comité consultivo del Consejo de los Derechos Humanos (ONU). *Le Capitalisme expliqué de ma petite-fille (en espérant qu'elle en verra la fin)*, Seuil, 2018.

LUIGI ZOJA, psicoanalista, sociólogo y escritor, antiguo presidente del Centro italiano de psicología analítica (1984-1993) y de la International Association of Analytical Psychology (1998-2001). *Paranoia. La follia che fa la storia*, Bollati Boringhieri, 2011 (*Paranoïa. La folie qui fait l'histoire*, Les Belles Lettres, 2018).